Angelika Blum
Das kunterbunte Weihnachtsbuch

Angelika Blum

Das kunterbunte
Weihnachtsbuch

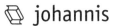 johannis

Die Deutsche Bibliothek – CIP-Einheitsaufnahme

Blum, Angelika:
Das kunterbunte Weihnachtsbuch / Angelika Blum. –
Lahr : Johannis, 1996
    (Edition C : R, Kindertaschenbuch ; 29)
    ISBN 3-501-01307-8
NE: Edition C / R

Edition C-Kindertaschenbuch 56 429 (R 29)
© 1996 by Verlag der St.-Johannis-Druckerei, Lahr
Umschlagillustration: Dialog Werbeagentur, Waldbronn
Gesamtherstellung:
St.-Johannis-Druckerei, 77922 Lahr
Printed in Germany   12706/1996

Inhalt

Vorfreude

Ein paar Tage vor dem ersten Advent kommt Julia aus der Schule heim, als die Mutter gerade einen Kuchen backt. Schon an der Tür schnuppert sie in die Luft und fragt neugierig: »Backst du Weihnachtsplätzchen, Mutti? Es riecht hier so gut!«

Doch die Mutter schüttelt den Kopf und meint augenzwinkernd: »Nein, aber das möchte ich morgen tun, und zwar zusammen mit dir und zwei von deinen Freundinnen!«

»Au ja! Das ist eine tolle Idee!« jubelt Julia und fällt der Mutter begeistert um den Hals. »Wann kann's denn losgehen, und wen soll ich dazu einladen?«

Und dann werden Pläne geschmiedet. Julia weiß nach kurzer Überlegung ganz genau, welche Freundinnen sie zum Backen einladen wird, und bald steht auch fest, welche Plätzchensorten gebacken werden sollen: Spekulatius, Zimtsterne und Spitzbuben.

Pünktlich am nächsten Nachmittag stehen Constanze und Sandra vor der Tür. Beide haben eine Nudelrolle unter dem Arm und eine Schürze von ihrer Mutter in der Hand. Die

Mädchen strahlen, sie haben sich sehr auf das Backen gefreut.

In der Küche hat die Mutter schon drei Arbeitsplätze vorbereitet. Die noch leeren Backbleche liegen auf der Küchenbank und warten auf Plätzchen. Der Teig ist schon fertig geknetet. Den mußte die Mutter schon früher herstellen, weil er vor dem Ausrollen ein paar Stunden im Kühlschrank ruhen sollte.

Fröhlich binden sich die Mädchen ihre Schürzen um, und dann geht's ans Ausrollen und Ausstechen. Sie stellen sich sehr geschickt dabei an, und so braucht die Mutter nur noch ein Blech nach dem anderen in den vorgeheizten Ofen zu schieben.

An diesem Nachmittag entstehen die herrlichsten Plätzchen, und den Weihnachtsduft riecht man im ganzen Haus. Als der Teig für die Spitzbuben zu kleinen braunen Kügelchen geformt ist und diese im Backofen durch die Hitze ein wenig auseinanderlaufen, sind die drei Mädchen mit ihrem Werk sehr zufrieden. Wie richtige kleine Hausfrauen mustern sie mit kritischen Blicken die Plätzchen, die bereits zum Auskühlen auf drei Kuchengittern liegen, und Sandra meint mit Kennermiene: »Die sehen super aus, meint ihr nicht auch?«

»Hhhmmm!« macht Constanze und schiebt

sich genießerisch einen Zimtstern in den Mund. »Und lecker sind sie!«

Später helfen alle noch beim Aufräumen. Julia weiß, daß ihren Freundinnen der Nachmittag gut gefallen hat. Sie freut sich, als die Mutter den fleißigen Helferinnen jeweils eine große Cellophantüte voll Plätzchen auf den Heimweg mitgibt.

»Ach, Mama, das war super!« schwärmt Julia, als sich die Tür hinter den beiden geschlossen hat. Rasch drückt sie ihrer Mutter einen dicken Kuß auf die Wange. »Jetzt riecht man bei uns schon den ersten Advent, nicht wahr?«

Hurra – heut ist Advent!

Hurra – heut ist Advent!
Sehet, die erste Kerze brennt . . .

Mein Bruder hat mal wieder Frust,
auf Weihnachtsplätzchen keine Lust.
Er schnappt sich cool 'ne Coladose,
hängt sich den Walkman an die Hose
und sitzt bei uns stumm wie ein Fisch
mit Knopf im Ohr am Kaffeetisch.
Mein Vater brüllt: »Das geht zu weit!
Es ist Advent – die Stille Zeit!«

Hurra – heut ist Advent!
Sehet, die zweite Kerze brennt . . .

Geschäftsbesuch hat Vater heute.
Von auswärts irgendwelche Leute.
Sie übernachten hier im Ort
und müssen morgen wieder fort.
Mutter dreht sich wild im Kreise,
rührt hektisch in der Erdbeerspeise,
das Fleisch ist auch noch nicht soweit,
und ich – ich denk' mir: Stille Zeit.

Hurra – heut ist Advent!
Sehet, die dritte Kerze brennt . . .

Die ganze Woche war voll dumm.
Alle streßten bloß herum,
jeder dachte nur an sich,
und keiner hatte Zeit für mich.
Oma sagt, ich soll dran denken,
all meinen Lieben was zu schenken:
»Bis Weihnachten ist's nicht mehr weit!«
Und so was nennt sich »Stille Zeit«!

Hurra – heut ist Advent!
Sehet, die vierte Kerze brennt . . .

Weihnachtsfeier im Büro
mit Tombola und Pipapo.
Jedes Jahr wird das gemacht,
an alles hat der Chef gedacht.
Ich bleib' zu Haus und irgendwann
guck' ich mir was im Fernsehn an.
Den ganzen Zirkus bin ich leid –
ich hab' null Bock auf »Stille Zeit«!

Basteltip

Vielleicht dürft ihr euch einmal einen ganz besonderen Weihnachtskalender von euren Eltern wünschen. Hier ist mein Vorschlag dafür:

Liebe Eltern!

24 dicke Walnüsse vorsichtig in zwei Hälften teilen und den leckeren Kern herauslösen. (Achtung – die Hälften dabei nicht durcheinanderbringen, sonst passen sie nachher nicht mehr zusammen!)

Nun werden die Nüsse verschieden gefüllt: mit winzigen Glitzersternchen, einem hübschen Radiergummi, einem selbstgemalten Minibildchen, einer schimmernden Murmel, einem bunten Haargummi, einem Gutschein für ein Überraschungs-Ei, einem hübschen Gedicht (natürlich selbst ausgedacht!), einer klitzekleinen Geschichte und vielen anderen Dingen mehr.

Die Hälften werden wieder genau aufeinandergeklebt und mit einem Goldstift numeriert. Fertig!

Woher kommt
der Adventskranz?

Kennt ihr eigentlich die Entstehungsgeschichte unseres Adventskranzes? Nein? Dann will ich sie euch erzählen:

In der Nähe von Hamburg lebte vor vielen Jahren ein Pfarrer, der gleichzeitig Lehrer war. Johann Heinrich Wichern hieß er.

Der kümmerte sich ganz besonders um die Kinder und Jugendlichen seiner Gemeinde. Sie lernten viel bei ihm, aber das reine Schulwissen war längst nicht alles, was er ihnen vermitteln wollte. Der Glaube an Jesus Christus war ihm wichtiger als alles andere, und so lud er die Kinder eines Tages alle zu sich ein, um mit ihnen Advent zu feiern und ihnen vom Geburtstag des Herrn Jesus zu erzählen.

Er hatte einen recht großen Holzreifen für diesen Nachmittag vorbereitet, auf dem er nun Kerzen befestigte. Zuerst eine dicke rote, danach sechs kleine weiße, dann wieder eine dicke rote und danach sechs kleine weiße und so fort, bis sich der Kreis schloß.

Nun steckten vier dicke rote Kerzen in dem Holzreifen – die waren für die Sonntage bestimmt – und 24 kleine weiße – die sollten an den Wochentagen angezündet werden.

Lehrer Wichern nahm ein Streichholz und zündete vor den Augen der gespannt dasitzenden Kinder nun mit feierlicher Miene die erste dicke rote Kerze an.

Als das Licht aufleuchtete, erklärte er ihnen:»Seht, Kinder, das Licht dieser Kerze soll uns heute, am ersten Adventssonntag, daran erinnern, daß alle Menschen bald schon den Geburtstag des Herrn Jesus feiern und sich darauf freuen dürfen. Morgen werden wir die zweite Kerze dazu anzünden – diese weiße hier – und dann die dritte. So wird es jeden Tag weitergehen, bis es wieder Sonntag ist. Dann wird auch die nächste rote Kerze brennen und danach wieder eine weiße. Ja, und wenn dann viele Tage vergangen sind, werden alle Kerzen auf diesem Kranz leuchten und davon künden, daß nun der Tag des Herrn ganz nah ist.«

Die Kinder freuten sich nun besonders auf Weihnachten, denn mit jedem Tag wurde es in der Stube des Lehrers heller und fröhlicher, und bald schon konnten sie gemeinsam die vierte dicke rote Kerze anzünden. Nun waren es bis Weihnachten nur noch wenige Tage, und selbst die ganz Kleinen unter ihnen, die noch keine rechte Zeitvorstellung hatten, wußten ganz genau: nun dauert es nicht mehr lange!

Das war im Jahre 1839.

Später machten es viele Leute dem Lehrer nach, und im Laufe der Jahre wurde aus dem Holzreifen ein gebundener Kranz aus Tannengrün, so wie wir ihn heute noch kennen – unser Adventskranz.

Die weißen, kleinen Kerzen sind zwar verschwunden – man zündet nur noch die dicken »Sonntagskerzen« an, aber die Freude auf Weihnachten ist die gleiche geblieben, nicht wahr?

Die ganz besonders Nachdenklichen unter euch möchten jetzt vielleicht gern wissen, warum es denn ein Ring war, auf den der Lehrer Wichern die Kerzen gesteckt hatte. Er hätte sie schließlich genausogut auf einem langen Balken anbringen können, oder? Nun, ein Kranz hat keinen Anfang und kein Ende. Das eine geht in das andere über.

Vielleicht wollte der Lehrer den Kindern damit deutlich machen, was er in der Bibel gelesen hatte. Dort spricht Gott nämlich: »Ich bin das A und das O, der Anfang und das Ende, der Erste und der Letzte.«

Nichts war vor Gott, und nichts wird nach Gott sein.

Übrigens – könnt ihr euch denken, warum

man heute einen Adventskranz besonders gern aus Tannen- oder Fichtenzweigen fertigt?

Wenn euch keine Antwort einfällt, dann dreht das Buch doch einfach herum . . .

Antwort: Weil Tannenbäume und Fichten keine Blätter haben, die sie im Herbst abwerfen. Sie wechseln niemals ihre Kleider, denn sie haben immergrüne Nadeln – ebenfalls also ein Symbol dafür, daß Gott immer bei uns sein wird, denn seine Liebe zu uns Menschen ist unvergänglich.

Basteltip

Mögt ihr es gern, wenn es in der Adventszeit überall so festlich geschmückt ist? Dann bastelt euch für euer Zimmer doch einen Adventskranz aus grünem Tonkarton!

Der sieht hübsch aus und ist ganz einfach herzustellen:

Ihr braucht dazu ungefähr 12 »Tannenzweige« aus kräftig grünem Tonkarton. Die klebt ihr zu einem Kreis zusammen (aber Vorsicht: erst ohne Klebstoff ausprobieren!).

Nun sind die »Kerzen« dran. Ihr klebt für eine Kerze zwei rote Tonpapierstreifen (2 cm x 30 cm) rechtwinklig übereinander und faltet

sie zu einer Hexentreppe – immer abwechselnd eines genau über das andere. Der letzte Abschnitt wird wieder mit etwas Klebstoff fixiert.

Alle vier Kerzen werden nun auf dem Adventskranz gleichmäßig verteilt und mit der Unterseite auf die »Zweige« geklebt.

Jetzt fehlen nur noch die brennenden Dochte.

Schneidet aus gelbem Tonpapier vier Flammen aus und malt den Docht mit einem dicken schwarzen Filzstift hinein. Knickt jeweils am unteren Ende einen schmalen Streifen um und klebt die Flammen dann auf die Kerzen.

Sieht wirklich prima aus, nicht wahr?

Lieber Gott,

seit Tagen regnet es in Strömen
plitsche-platsch auf den Asphalt.
Ich kann mich daran nicht gewöhnen,
sag bitte – schneit es denn nicht bald?

Ich bin den Regen wirklich leid,
und schau: nach dem Kalender
wird's schließlich langsam auch mal Zeit –
es ist doch schon Dezember!

Ich möcht' so gerne rodeln gehn,
am liebsten schon gleich morgen!
Bestimmt kannst du das gut verstehn.
Ich bitt' dich sehr, für Schnee zu sorgen!

Wir möchten endlich draußen spielen
und Schneeballschlachten machen,
denn wenn wir dabei ganz gut zielen,
gibt's bei uns Kindern viel zu lachen!

Ach, lieber Gott, wenn's wirklich schneit,
dann bau' ich – das versprech' ich dir! –
den schönsten Schneemann weit und breit,
den kriegst du dann geschenkt von mir!

Eine gute Idee!

Sie laufen immer im Kreis herum. Den ganzen Tag lang laufen sie im Kreis herum, die Ponys.

Immer, wenn ich an der Bande stehe, schaue ich ihnen zu. Wir wohnen gleich um die Ecke. Die kleine Manege mit den fünf Ponys steht jedes Jahr in der Adventszeit bei uns auf dem Marktplatz, und eine Menge Kinder kommen, um auf den Ponys zu reiten.

Als es vor kurzem wieder einmal soweit war und das runde Zelt aufgebaut wurde, habe ich gedacht: »Schön, daß die Pferdchen wiederkommen!« Aber dann dachte ich noch: »Schlimm, daß sie alle den ganzen Tag lang im Kreis herumlaufen müssen.«

Ich bin nur einmal ganz früher auf einem von ihnen geritten. Damals blieb mein Pferd nach einer Runde einfach stocksteif stehen. Es wollte nicht mehr weiterlaufen. Zuerst hat der Mann in der Mitte nur mit seiner Peitsche geknallt und geschrien: »Voooorwärts!« Aber das hat nichts genützt. Da hat er noch mal mit der Peitsche geknallt und sie meinem Pony vor die Vorderbeine geschlagen. Ja, und da ist es weitergelaufen.

Ich habe das Pferdchen danach die ganze

Zeit gestreichelt – am Hals und oben an der Mähne, aber noch mal wollte ich nicht reiten. Auch nicht, als Papa sagte, er würde es mir bezahlen.

Seitdem gucke ich nur an der Bande zu, wenn die Ponys in der Manege rundherum laufen, und jedesmal, wenn sie ganz nahe an mir vorbeireiten, streichle ich sie mal eben.

Heute habe ich von Tante Bärbel Geld bekommen. »Kauf dir dafür etwas Schönes auf dem Weihnachtsmarkt!« hat sie gesagt und mir zwei Mark in die Hand gedrückt.

Zuerst wollte ich mir einen Paradiesapfel und Süßigkeiten kaufen, aber dann hatte ich auf einmal eine Idee.

Ich rannte zum Pferdchen-Zelt und gab dem Mann das Zweimarkstück. Aber als er mir den Steigbügel von dem hellbraunen Pferdchen hinhielt, habe ich ihm gesagt, daß ich für die zwei Mark das Pony einfach nur am Zügel halten und mit ihm dort stehenbleiben wolle.

»Stehenbleiben willst du mit dem Pony?« hat er mich erstaunt gefragt. Und dann hat er den Kopf geschüttelt. »So was ist mir noch nie passiert. Warum, um alles in der Welt, willst du mit dem Tier denn stehenbleiben, anstatt auf ihm zu reiten?«

Da habe ich ihm gesagt, daß sich das Pony bestimmt freut, wenn ich ihm eine Pause kaufe. Weil es doch noch den ganzen übrigen Tag lang immerzu im Kreis herumlaufen muß.

Der Mann hat irgendwas gebrummt, aber ich konnte ihn nicht verstehen. Jedenfalls haben mein Pony und ich für die zwei Mark ganz lange einfach nur zusammen dagestanden. Ich habe es gestreichelt, und das Pony hat mich ganz warm aus seinen Nasenlöchern angepustet und mit seinen Lippen an meiner Jacke herumgeknabbert.

Nachher waren die Knöpfe ganz naß von der Spucke, aber das war mir egal.

Wenn ich mir was wünschen könnt ...

Text u. Melodie: Angelika Blum

1. Wenn ich mir 'was wün-schen könnt', so spricht der Hahn zur Henn', dann wünscht' ich mir sooo'n Hau-fen Korn all - hier auf die-ser Tenn. Das gäb' ein Fest für's Fe-der-vieh. Meinst du nicht auch? Ki - ke - ri - ki!

2. Wenn ich mir 'was wün-schen könnt', so spricht das Kind zum Hund, dann wünscht' ich mir ein neu-es Rad, fein glän-zend und ganz bunt. Das sau-ste hin und brau-ste her, und Lan - ge - wei - le gäb's nicht mehr!

3. Wenn ich mir 'was wün-schen könnt', so spricht der Mann zur Frau, dann wünscht' ich mir ein gro-ßes Haus, das weiß ich ganz ge - nau. Und al - le, die das Haus dann seh'n, die wür - den sa - gen: Oh, wie schön!

4. Wenn ich mir 'was wün-schen könnt', so spricht die Frau zum Mann, dann wünscht' ich mir 'nen gold-nen Ring mit ei - ner Per - le dran. Ein sol - cher Ring wär' wirk - lich fein, und wär' die Per - le noch so klein!

5. Wenn ich mir 'was wün-schen könnt', so spricht der Herr zu dir, dann wünsch - te ich, du gäbst dein Herz und was da-rin ist mir. Ich mach' es hell mit mei - nem Licht, denn das kann al - les an - d're nicht!

Wunschzettel

Vor dem Schaufenster der Spielwarenhandlung drückt sich ein kleines Mädchen die Nase platt. Es kann sich nicht sattsehen an all den wunderschönen Dingen, die dort ausgestellt sind. Die Stofftiere in der Ecke würde Sabine am liebsten alle einmal streicheln. Sie sehen so weich und kuschelig aus!

Und die Puppe mit den blonden Zöpfen, die an dem zierlichen Puppentischchen sitzt – die ist hübsch! Sehnsüchtig blickt Sabine zu ihr hinüber. Bald ist Weihnachten, und ihr Wunschzettel ist immer noch nicht fertig. Täglich fallen ihr andere schöne Spielsachen ein, die sie gern haben möchte.

Ob sie die Puppe mit den blonden Zöpfen auch noch auf den Wunschzettel schreibt?

Sie zieht ein Blatt Papier aus ihrer Anoraktasche und knabbert nachdenklich mit den Zähnen auf ihrer Unterlippe herum. Auf dem Zettel steht:

Ich wünsche mir zu Weihnachten:
ein Fahrrad
eine Barbiepuppe mit Hochzeitskleid
ein neues Schuletui mit Buntstiften,

Filzschreibern und einem neuen Füller
einen neuen Badeanzug
ein Buch über Pferde
ein Silberkettchen mit einem Pferdeanhänger
dran
Albumbilder oder Sticker
ein Rätselheft
ein neues Kuscheltier

Sabine hebt den Kopf und blickt wieder hinüber zu der blonden Puppe. Ja, die will sie unbedingt haben. Sabine beschließt, sie auch noch auf den Wunschzettel zu schreiben.

Gerade will sie sich schweren Herzens von all den bunten Dingen im Schaufenster losreißen, als ein Rollstuhl neben ihr zum Stehen kommt. Ganz nah schiebt ihn eine hübsche junge Frau an die Schaufensterscheibe heran. Ein Mädchen, ungefähr so alt wie Sabine, sitzt warm eingepackt darin.

Die Frau beugt sich ein wenig nach vorn und fragt das Mädchen: »Na, Meike, meinst du, daß der Weihnachtsmann hier etwas für dich finden wird?«

Das fremde Mädchen lacht fröhlich. »Klar, ich wünsche mir Perlen zum Auffädeln und einen Stoffhund!« Dann streicht sie mit den

Händen über die warme Decke, die auf ihren Beinen liegt, und fügt leise hinzu: »Und dann hätte ich noch sehr gern ein Springseil. Aber das könnte ich nicht gebrauchen, und deshalb wünsche ich es mir nicht.« Dann lacht sie schon wieder und verkündet: »Aber den Stoffhund – den Stoffhund wünsche ich mir ganz doll!«

Sabine dreht sich um und geht langsam die Straße hinunter. An die hübsche blonde Puppe denkt sie nicht mehr.

Und den Wunschzettel – den Wunschzettel knüllt sie in ihrer Anoraktasche zu einer festen kleinen Kugel zusammen.

Überall ist Advent

Wo man genug zum Leben hat,
wo man zufrieden ist und satt,
wo niemand Not und Schmerzen kennt –
da feiern Menschen jetzt Advent.

Wo Krieg ist, Leid und Hungersnot,
wo Kinder betteln um ein Stückchen Brot,
wo man nur bittere Armut kennt –
auch dort ist gerade jetzt Advent.

Vor Gottes Sohn sind alle gleich,
ob groß, ob klein, ob arm, ob reich.
Weil Jesus keine Grenzen kennt –
darum ist überall Advent.

Das schönste Geschenk
für Jesus

Heute macht der Kindergottesdienst besonders viel Spaß. Zuerst haben die Kinder eine spannende Geschichte aus der Bibel gehört. Danach wurden Lieder gesungen, und Davids Mutter spielte dazu Gitarre.

Jetzt haben sich alle an den großen runden Tisch gesetzt, um zu malen.

»Wenn ihr Jesus etwas schenken wolltet – was würdet ihr ihm dann wohl schenken?« hatte Frau Beckmann in die Runde gefragt. »Malt euer Geschenk für ihn jetzt einmal auf ein Blatt Papier.«

Bastian würde Jesus am liebsten ein riesiges Haus mit ganz vielen Balkonen in einem wunderschönen Garten schenken. Sabine malt einen großen bunten Blumenstrauß für Jesus und Kati ein weißes Pferd.

Die Kinder lachen fröhlich, als Ute ihr Bild hochhält. Ein Teddybär ist darauf zu sehen, ein dicker zotteliger Teddybär. »Das ist mein Lieblingskuscheltier«, erklärt Ute, »aber ihm würde ich es wohl gerne abgeben.«

»Und ich würde ihm mein bestes Flugzeug

geben!« ruft Dennis und greift nach dem blau-
en Filzstift, um die Tragflächen von seinem
Flieger auszumalen.

Die kleine Saskia ist mit ihren Gedanken
weit fort. Sie malt ein Kind auf das weiße Blatt.
Ein Kind, das genauso angezogen ist wie sie:
mit einer weißen Strumpfhose, einem roten
Rock und einem bunten Pulli. Sogar das Pfla-
ster an der Hand vergißt sie nicht.

Saskia malt sich selbst.

Rätsel

Wollt ihr wissen, was Maria sagte, nachdem sie erfahren hatte, daß sie den Sohn Gottes zur Welt bringen würde?

Dann lest den folgenden Text in der richtigen Reihenfolge:

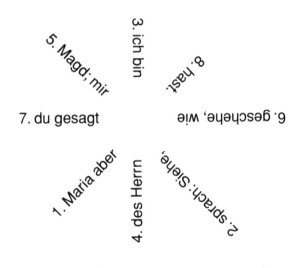

3. ich bin

5. Magd; mir

8. hast.

7. du gesagt

6. geschehe, wie

1. Maria aber

4. des Herrn

2. sprach: Siehe,

(Lösung: Lukas 1, 38)

Es hat geschneit

»Papa! Mama!« Im Nachthemd stürmt Katrin ins Elternschlafzimmer. »Papa! Es hat geschneit! Schau doch bloß mal – es liegt ganz viel Schnee auf der Wiese. Ich will einen Schneemann bauen. Steh schnell auf und komm mit nach draußen!« Kurzentschlossen greift sie nach Papas Hand, die unter der Bettdecke hervorschaut, und zerrt ungeduldig daran herum. Wenn der Vater doch bloß aufstehen würde!

Aber der gähnt nur verschlafen und brummt faul: »Ach, Katrin, laß mich noch ein bißchen in Ruhe, ja? Es ist doch Sonntag!« Mit einem tiefen Seufzer wälzt er sich auf die andere Seite und stopft sich behaglich das Kopfkissen noch einmal zurecht.

Katrin stampft enttäuscht mit dem Fuß auf den Boden. Da wartet man nun fast den ganzen Dezember lang auf Schnee, und wenn es dann endlich soweit ist, wollen die Eltern lieber schlafen – ist das langweilig! Katrin steckt den Zeigefinger in den Mund und denkt nach. Da kommt ihr auf einmal eine Idee!

Wie ein Wiesel huscht sie aus dem Elternschlafzimmer zurück ins Kinderzimmer.

Ja, das wird klappen, denkt sie vergnügt. Rasch schlüpft sie in ihre Hausschuhe, zieht den Bademantel über und schleicht leise wie ein Mäuschen die Treppe hinunter. Vorsichtig öffnet sie die Eingangstür. Au wei! Warum quietscht die dumme Tür bloß immer so? Hoffentlich haben die Eltern nichts bemerkt . . .?

Katrin bleibt stehen und lauscht mit angehaltenem Atem nach oben. Nichts rührt sich. Uff – Katrin ist erleichtert.

Sie tritt nach draußen und formt rasch einen dicken Schneeball aus dem frisch gefallenen Schnee. Huh – ist das kalt! Nun schnell die Tür wieder leise schließen und ab nach oben! Katrin kichert schadenfroh vor sich hin. Den Schneeball trägt sie vorsichtig in beiden Händen. Jetzt gibt es eine Riesenüberraschung für den verschlafenen Papa!

Mit dem Ellbogen stößt sie die Tür zum Elternschlafzimmer weit auf, tapst zum Bett des Vaters und – steckt ihm mit einer geschickten Bewegung den dicken Schneeball in den Halsausschnitt des Schlafanzugs!

Iiiiihhhhh! So schnell ist Papa noch nie aus dem Bett gesprungen! Iiiiihhhh – ist das kalt! Papa verrenkt sich in alle Richtungen, um den nassen Klumpen aus der Jacke zu fischen. Den reinsten Indianertanz führt er auf!

Katrin lacht und lacht, bis ihr die Tränen in den Augen stehen.

Und Mama – Mama sitzt aufrecht vor Schreck in ihrem Bett, reißt die Augen weit auf und weiß gar nicht, warum Papa diesen seltsamen Tanz aufführt und dazu so laut brüllt. Mit ihren vom Schlaf zerzausten Haaren sieht sie so komisch aus, daß Katrin gar nicht aufhören kann zu lachen!

Das ist ein lustiger Sonntagmorgen, denkt sie vergnügt und klatscht übermütig in die Hände.

Au wei – jetzt hat Papa den Schneeball erwischt! Der ist inzwischen viel kleiner geworden, und Papas Schlafanzugjacke glänzt auf der Brust vor Nässe. Aber was macht er denn jetzt? Er kneift die Augen zu einem schmalen Spalt zusammen, streckt den Kopf vor, droht Katrin mit dem Finger und grinst schadenfroh: »Warte, mein Töchterchen – jetzt bist du dran!«

Eine aufregende Nacht

Heut nacht, ich glaub' so gegen vier,
war Nikolaus vor unserer Tür.
Und hätte ich nicht schlecht geträumt,
hätt' ich ihn garantiert versäumt.

Er schlich sich nämlich profihaft
ganz lautlos, wie's nur Nikolaus schafft,
die Treppe rauf und – tip-tip-tap –
genauso leis wieder hinab.

Doch weil ich wach war und ganz fit,
kriegte ich es trotzdem mit:
ein Nüßlein fiel aus seinem Sack
– klack!
Da wußte ich: der Nikolaus
ist gerade jetzt in unserem Haus!

Und weil ich ihn nicht stören wollte
und man um vier ja schlafen sollte,
zog ich ganz schnell – zup-zup-zeropf –
meine Decke übern Kopf!

Heut morgen lagen Äpfel da,
wo Nikolaus gewesen war.
Und Nüsse, Mandeln, Schokolade.
Und diese Nuß. Ich fand sie auf der Treppe
gerade.
Die hat sicher in der Nacht
so laut und deutlich »klack« gemacht!

Was Oma erzählt

»Tag, Oma – da bin ich!« Insa läßt ihre Tasche fallen, umfaßt Omas Hüften und dreht sich mit der alten Frau übermütig im Kreis herum.

»Halt, stop!« ruft Oma lachend. »Laß mich sofort los, du wilde Hummel – sonst fall' ich noch um!«

Als Insa stehenbleibt, drückt Oma sie ganz fest an sich. »Schön, daß du mich mal wieder besuchen kommst! Jetzt haben wir viel Zeit füreinander, nicht wahr? Wir werden in den Park gehen und Enten füttern, wir werden durch Kaufhäuser bummeln, Spiele machen und . . .«

». . . und auf dem Dachboden herumwühlen, ja?« bettelt Insa und schmiegt ihren Kopf schmeichelnd an Omas Brust.

Oma fährt Insa lachend durch die blonden Haare. »Na gut. Wenn du unbedingt willst – obwohl ich wirklich nicht weiß, ob es da oben überhaupt noch etwas zu entdecken gibt, was du nicht längst gesehen hast! Doch – ja! Meinen Erinnerungsschrank! Aber jetzt komm erst mal herein, das Essen ist nämlich schon fertig!«

Später, als die beiden satt und zufrieden am

Tisch sitzen, erzählen sie sich erst einmal allerhand Neuigkeiten.

Insa berichtet von dem neuen Mädchen in ihrer Flötenstunde, von Klaus, der beim Klassenausflug mitten im Museum – ausgerechnet vor der Vitrine mit den ekligen, uralten Tiergebissen – genüßlich sein Butterbrot zu verspeisen begann, von ihrem Hamster Pit und vieles andere mehr.

Oma erzählt von ihrer kaputten Waschmaschine, von dem Hund der Nachbarin, welcher sein Geschäft im Winter mit Vorliebe im Vorgarten zwischen Omas Buchsbäumchen verrichtet, und von dem Geburtstag einer Freundin, bei der es Weinbergschnecken zum Abendessen gegeben hat.

»Igitt-igitt!« schaudert Insa und verzieht angeekelt das Gesicht. »Die würde ich nie runterkriegen!«

»Ich konnte sie auch nicht runterkriegen«, gesteht Oma verschmitzt. »Deshalb tat ich nur so, als würde ich sie essen, und am Ende hab' ich meine große Serviette so geschickt über meinen Teller gelegt, daß alle dachten, ich hätte meine Mahlzeit beendet. Gewundert haben sie sich wohl nur hinterher: ich hatte nämlich solchen Hunger, daß ich von der Roten Grütze kaum noch etwas für sie übrig ließ. Ganz schön unverschämt, nicht wahr?«

Aber Insa schüttelt den Kopf. »Ist doch nicht deine Schuld. Du kannst doch nicht dafür, wenn du die armen Weinbergschnecken nicht magst!«

»Stimmt«, sagt Oma und steht auf. »Nun aber Schluß mit dem Plaudern. – Pack jetzt rasch deine Tasche aus, und danach überlegen wir, was wir unternehmen wollen.«

Da muß Insa nicht lange überlegen! Omas Dachboden ist der schönste Aufenthaltsort, den sie sich denken kann. Deshalb bittet und bettelt sie so lange, bis Oma endlich seufzend nachgibt und mit ihr die Treppe hinaufsteigt.

Hier oben ist es im Winter recht kalt, deshalb hat Oma zur Bedingung gemacht, daß Insa, eingemummt in eine dicke Strickjacke, heute nur einen einzigen Schrank durchstöbern darf.

Die Holztür des alten Möbels ächzt altersschwach, als Oma sie öffnet. »Hier drin sind all meine Erinnerungssachen«, erklärt sie Insa. »Dinge, die ich einfach nicht fortwerfen mag, weil sie mir einmal viel bedeutet haben. Sicher kannst du das nicht verstehen, weil du noch so jung bist, aber . . .«

»Ich glaube schon, daß ich es verstehe«, antwortet Insa nachdenklich. »Ich kann auch manche Sachen nicht wegwerfen. Den Vogelkäfig von meinem Max zum Beispiel. Mama sagt, wir werden nie wieder einen Wellensittich haben, aber trotzdem will ich den Käfig nicht wegwerfen. Weil er doch Max gehört hat.«

Oma legt ihren Arm um Insa und sagt: »Ja, so ist das halt, wenn man gern an etwas zurückdenkt, was es nicht mehr gibt. – Hier, dieser kleine Silberbecher, ich habe ihn zu meiner Konfirmation geschenkt bekommen.«

Bewundernd fährt Insa mit dem Zeigefinger über den kunstvoll eingravierten Namenszug. Elisabeth – das ist Omas Vorname.

»Er ist hübsch. Warum hast du ihn nicht unten in deiner Wohnung stehen?«

»Ganz einfach – Silber muß man oft putzen, wenn es glänzen soll, und dazu habe ich einfach keine Lust!« lacht Oma. »Aber sieh mal, hast du schon mal einen solchen Stein gesehen?«

Insa staunt. Um den eiförmigen hellbraunen Stein zieht sich eine reiskornbreite gleichmäßige Rinne. Aber das Besondere an dem Stein ist, daß an einer Stelle der Rinne ein kleiner Kiesel eingeklemmt ist.

Insa versucht, den Kiesel wie bei einer Murmelbahn anzuschieben, aber er läßt sich nicht bewegen.

»Woher hast du den Stein?« will sie wissen.

»Aus Frankreich. Ich hab' ihn am Strand

gefunden, als ich mit deiner Mutter schwanger war. Er sah aus, als sei er auch schwanger – genau wie ich. Deshalb habe ich ihn mitgenommen und bis heute behalten.«

»Tolle Sachen sind in diesem Schrank, Oma«, sagt Insa und greift nach einer kleinen quadratischen Pappschachtel. »Was ist denn hier drin?«

Gespannt hebt sie den Deckel. Auf weißer Watte liegt da eine goldfarbene Walnuß.

Als Insa sie herausnimmt, bewegt sich etwas in der Nuß. Sie hält sie ans Ohr und schüttelt sie vorsichtig. Es rappelt leise.

»Oma, was ist da drin? – Darf ich die mal aufmachen?«

Doch Oma schüttelt den Kopf.

»Nein, mein Kind. Die Geschichte dieser goldenen Walnuß ist eine sehr traurige Geschichte, die eigentlich gar kein Ende hat. Sie hat so lange kein Ende, bis sie geöffnet wird.«

»Und wann wird sie geöffnet?« fragt Insa erstaunt.

»Niemals. Sie wird niemals geöffnet. Vor vielen vielen Jahren habe ich sie von deinem Großvater zu Weihnachten geschenkt bekommen. Es war Krieg, und auch er mußte fort und für unser Land kämpfen. Bevor er ging, gab er mir diese Walnuß. ›Ich werde zurückkommen‹, sagte er. ›Und wenn ich zurückkomme, werden wir diese Nuß zusammen öffnen, das verspreche ich dir. Und über das, was darin verborgen ist, werden wir uns freuen, und der Krieg wird vorbei sein.‹«

Behutsam fährt Oma mit dem Zeigefinger über die wellige Schale der Walnuß.

»Er ist nicht zurückgekommen, dein Großvater. Niemals. Darum wird diese Walnuß auch niemals geöffnet werden.«

Sie sieht Insa an und fragt mit traurigem Lächeln: »Verstehst du das, mein Kind?«

Insa nickt. »Ja, ich glaube ja, Oma. Komm, wir packen sie wieder ein.« Und als die Schachtel an ihrem alten Platz liegt, schlingt Insa ihre Arme um Omas mollige Taille und sagt leise: »Aber jetzt hast du mich, nicht wahr, Oma?«

»Ja«, sagt Oma, und ihre Stimme klingt so kratzig wie die von Insa, wenn sie erkältet ist. »Ja, jetzt habe ich dich, und das ist wunderbar.«

Es weihnachtet sehr

Text u. Melodie: Angelika Blum

1. Mei - ne Na - se schnup-pert in die Luft: Was für ein
2. Mei - ne Au - gen sehn zum Fen - ster 'raus: Da fällt ja
3. Mei - ne Lip - pen ge - ben kei - ne Ruh: Sie stel - len
4. Mei - ne Hän - de pak - ken kräf - tig an, wenn ich den
5. Mei ne Fü - ße wol - len im - mer gehn, sie kön - nen
6. Wes-halb klopft mein Herz und freut sich so? Wa-rum bin

wun - der - ba - rer Duft! Ich ra - te
Schnee aufs Nach - bar - haus! Ich schau - e
Fra gen im - mer - zu! Ich fra - ge
Teig aus - rol - len kann. Ich rol - le
gar nicht stil - le - stehn. Ich tram - pel
ich hier drin' so froh? Ich tan - ze

hin, ich ra - te her, ich glaub', es
hin, ich schau - e her,
hin, ich fra - ge her,
hin, ich rol - le her,
hin, ich tram - pel her,
hin, ich tan - ze her,

weih - nach - tet sehr!

Basteltip

Habt ihr schon einmal eurer Mutter oder eurem Vater eine Wunschblume geschenkt? Nicht?

Dann will ich euch erklären, wie man sie bastelt:

Man schneidet aus rotem, blauem oder gelbem Tonkarton sechs oder acht Blütenblätter aus, klebt sie jeweils mit der Spitze auf eine runde weiße Tonkartonscheibe (aber so, daß in der Mitte noch viel Weißes zu sehen ist!) und klebt dann die »Blüte« auf einen Stengel aus grünem Tonkarton. Jetzt braucht ihr nur noch ein paar grüne Blätter auszuschneiden und an den Stengel zu kleben – schon ist die Blume fertig.

Und jetzt kommt das Wichtigste:

Ihr schreibt mit eurer schönsten Schrift in jedes Blütenblatt etwas hinein:

zum Beispiel: 1 x beim Wäscheaufhängen
helfen
1 x Geschirr abtrocknen
1 x bei schlechtem Wetter mit
dem Hund spazierengehen

1 x einkaufen
ein besonders schönes Bild
malen
1 x zusätzlich Klavier üben
(oder natürlich Flöte usw.)

Man kann sich eine ganze Menge ausdenken, was auf den Gutschein-Blättern stehen könnte.

Jetzt werdet ihr sagen: »Aber wir helfen doch sowieso im Haushalt mit!« oder »Aber wir üben doch regelmäßig Klavier!« Sicher, aber tut ihr es immer sofort und freiwillig und ohne mehrfaches Drängen von Mutter oder Vater?

Ich jedenfalls habe früher ganz oft, wenn meine Mutter mich bat, ihr beim Geschirr-abtrocknen zu helfen, geantwortet: »Ja, ja – ich komme gleich . . .« Und »gleich« war meistens viel viel später und erst nach der dritten Aufforderung.

Deshalb hat es mit der Wunschblume eine ganz besondere Bewandtnis. Wenn nämlich die Mutter oder der Vater einen der Gutscheine einlösen will, müßt ihr wirklich sofort zur Stelle sein – ohne Vertrösten auf später!

Bestimmt würde sich eure Mutter oder euer Vater über eine solche Wunschblume sehr freuen, meint ihr nicht auch?

Mein Schneemann

Im letzten Winter lag viel Schnee.
Doch dieses Jahr – so will mir scheinen –
gibt's wohl, wenn ich das richtig seh',
zur Abwechslung mal keinen.

Gut, daß ich damals daran dachte
und mir, als es so heftig schneite,
auf Vorrat einen Schneemann machte –
den habe ich sogar noch heute!

In Mamas Kühltruhe steht er drin,
da paßt er grade rein.
Ich geh' jetzt gleich mal zu ihm hin
und werd' den armen Wicht befrein.

Ich stell' ihn draußen auf die Stufen,
damit ihn jeder sehen kann.
Dann bleiben alle Leute stehn und rufen:
»Schaut euch den schönen Schneemann
an!«

Und schwitzt er dann im Sonnenschein,
und schrumpft mein Schneemann gar –
frier' ich ihn einfach wieder ein
und heb' ihn auf fürs nächste Jahr!

Basteltip

Wollt ihr euch ein bißchen Schnee ins Zimmer holen? Schnee, der nicht schmilzt? Dann malt auf braunen Tonkarton (oder, wenn ihr besser damit zurechtkommt, aus braunem Tonpapier) einen Baum mit kahlen Ästen.

Schneidet diesen Baum aus und klebt ihn auf ein größeres Stück dunkelblauen Tonkarton.

Jetzt klebt als Schnee schmale Streifen weißer, flauschiger Watte auf die Oberkanten der kahlen Äste – schon wird nach und nach ein wunderschön verschneiter Baum daraus. Natürlich gehört auch Schnee auf die Erde, und vielleicht gelingt es euch, aus Watte einen kleinen Schneemann neben den Baum zu setzen . . .

Auf den dunkelblauen Nachthimmel klebt zum Schluß noch kleine Glitzersternchen – fertig ist die Schneelandschaft!

Judith und der Schneemann

»Na endlich!« brummt der dicke Schneemann und beäugt zufrieden die schöne lange Möhre, die Judith ihm gerade mitten ins Gesicht gesteckt hatte. »Ich dachte schon, du hättest meine Nase vergessen!«

Erschrocken blickt sich Judith um. Wer hatte da gesprochen? Es hatte geklungen, als stünde jemand direkt neben ihr!

»Ja, schau nur«, sagt der Schneemann. »Ich bin es nämlich, der zu dir spricht! – Wie heißt du übrigens?«

»Ich – oh, ich heiße Judith!« beeilt sich das kleine Mädchen zu sagen und tritt hastig ein paar Schritte zurück. »Ich – ich habe gar nicht gewußt, daß Schneemänner sprechen können!«

»Können sie gewöhnlich auch nicht«, erklärt der Schneemann wichtig. »Aber ich kann! Weil ich nämlich ein ganz besonderer Schneemann bin.«

»Ja, aber –« wirft Judith schüchtern ein, doch der weiße Gesell läßt sie nicht aussprechen.

»Nichts: ja, aber! Ich kann sprechen und damit basta. – Ach, würdest du mir bitte einen

Gefallen tun? Gib mir mal den Stock dort drüben in den Arm! – Ja, danke, so ist es gut. Alle Schneemänner aus meiner Familie haben nämlich einen Stock im Arm, weißt du? Und jetzt, jetzt hätte ich gern gewußt, weshalb du so traurig bist.«

Tadelnd rollt der Schneemann mit den Augen. »An einem solch wunderbaren Wintertag wie heute sollte man sich lieber freuen und nicht so grämlich aussehen wie du! Also – um was geht es?«

Einen Moment lang druckst Judith herum, denn sie hatte noch niemals mit einem Schneemann über ihr Problem gesprochen, aber dann siegt doch der Wunsch, sich ihm anzuvertrauen.

»Um meinen Bruder geht es«, sagt sie leise. »Und um meine Eltern und um mich.«

Nachdenklich wiegt der Schneemann seinen dicken weißen Kopf. »Nun, dann muß dein Problem ein großes Problem sein, denn es betrifft viele Leute.«

Traurig nickt Judith und malt mit der Stiefelspitze ein Haus in den Schnee. Es ist ein ziemlich großes Haus, aber man kann es trotzdem nicht richtig erkennen, denn der Schnee ist festgetreten und an manchen Stellen liegt sogar ein Stückchen Wiese frei. Das kommt vom Schneekugelrollen.

Dann gibt sie sich einen Ruck und erzählt dem Schneemann alles: daß sie Burkhard so gern einmal wiedersehen würde und daß er bei ihrem Vater viele Kilometer weit fort wohnt und daß sie es so gern hätte, wenn die beiden an Weihnachten nach Hause kämen.

»Dann könnte es wieder so sein wie früher«, flüstert sie und malt mit der Stiefelspitze die Linien von dem Haus nach.

»Wie war es denn früher?« fragt der Schneemann leise.

Judith zuckt mit den Schultern. »Heiligabend hat Papa uns die Weihnachtsgeschichte vorgelesen, und dann haben wir davon gesprochen, wie es damals war. Mit Maria und Josef und mit dem Jesuskind und so. Und dann haben wir gebetet und Gott gedankt für seinen Sohn.«

»Hhm«, machte der Schneemann nachdenklich. »Und dann?«

»Und dann – dann haben wir gesungen. Und Mama hat dazu Klavier gespielt und ich Blockflöte. Burkhard hielt sich dabei immer die Ohren zu und schnitt Grimassen, aber mitgesungen hat er trotzdem.«

Judith muß ein wenig kichern, als sie sich daran erinnert, aber schon wird ihr Gesicht wieder ernst.

»Es war ganz warm und gemütlich in unserem Wohnzimmer«, erzählt sie weiter. »Ja, und dann war Bescherung, und der Burkhard und ich durften ganz lange aufbleiben und mit unseren neuen Geschenken spielen.«

Judith seufzt und zupft kleineharte Schneekügelchen von ihrem gestrickten Fausthandschuh.

»Diesmal ist alles ganz anders. Der Burkhard wohnt bei Papa, und die Mama ist immer nur traurig. Manchmal möchte ich mit ihr über Burkhard und über Papa sprechen, aber dann fängt sie meistens an zu weinen, und alles ist furchtbar schlimm. Und von Weihnachten will sie gar nichts hören. Deshalb soll es gar nicht Weihnachten werden. Am liebsten wäre es mir, wenn – wenn Weihnachten einfach ausfallen würde.«

Der Schneemann hätte gern genickt, aber sein Kopf sitzt so fest auf der mächtigen Bauchrolle, daß er ihn nicht bewegen kann.

»Ich verstehe dich gut«, brummt er deshalb ernsthaft. »Obwohl ich dir sagen muß, daß ich warme Wohnzimmer recht grauslig finde. Womöglich habt ihr auch noch Kerzen angezündet und heißen Tee getrunken – huuh!« Er schüttelt sich bei dem Gedanken.

»Aber deine Idee, Weihnachten könnte einfach ausfallen, finde ich, offengestanden, noch viel grausliger.«

Wieder zuckt Judith mit den Achseln. »Warum? Bei uns zu Hause ist es doch Weihnachten sowieso nicht mehr so wie früher.«

»Du meinst, in eurem Wohnzimmer ist es nicht mehr so wie früher.«

Judith nickt.

»Das stimmt«, überlegt der Schneemann. »Und deshalb ist es gut, daß Weihnachten nicht in eurem Wohnzimmer ist.«

Judith zieht die Stirn kraus. »Nicht im Wohnzimmer – wie meinst du das?«

»Ich will damit sagen«, erklärt der Schneemann und macht dabei ein überaus wichtiges Gesicht, »daß Weihnachten ganz woanders ist. Im Herzen der Menschen nämlich. Und es ist ganz egal, ob man allein ist oder zu zweit oder zu viert, und es ist auch nicht wichtig, ob man ein warmes Wohnzimmer hat oder nicht – Hauptsache, in den Herzen der Menschen wird es warm. Nur dann können sie nämlich die Weihnachtsfreude wirklich spüren.«

Er beugt sich ein ganz klein wenig vor und flüstert: »Denn stell dir vor: wenn Weihnachten nur in den wunderschön geschmückten Wohnzimmern wäre – wie sollten solche Menschen Jesus empfangen und seine Geburt feiern, die überhaupt kein wunderschön geschmücktes Wohnzimmer haben? Ja, von denen, kleine Judith, gibt es viel mehr, als du glaubst . . .«

Eine Weile bleibt es still. Dann sagt Judith leise: »Du meinst also, es ist ganz egal, wo man ist, wenn man Weihnachten feiert?«

Der Schneemann nickt zustimmend. »Genau das meine ich. Es ist ganz egal, ob man arm ist oder reich, ob man schwarz ist oder weiß, ob man klein ist oder groß – Jesus paßt in jedes Herz hinein. Ihr Menschen öffnet ihm eure Wohnzimmertüren, aber er – er würde viel lieber in euer Herz hineingeboren werden.«

Wieder schweigt Judith eine Weile. Dann wischt sie sich mit den nassen kalten Fausthandschuhen über beide Wangen und sagt lächelnd: »Ich glaube, in meinem Herzen ist es warm. Und in Burkhards und Papas und Mamas Herzen bestimmt auch. Und Weihnachten ist ja gar nicht im Wohnzimmer. Weißt du was, Schneemann – ich glaube, es soll doch Weihnachten werden!«

Aber der Schneemann antwortet nicht mehr, denn die Unterhaltung hat ihn doch sehr angestrengt.

Was macht der Weihnachts-
mann im Sommer?

Zwei Fotos aus dem letzten Jahr
hab' ich an meine Wand gepiekt.
Das eine Bild zeigt meine Tante,
die braungebrannt im Strandkorb liegt,
und auf dem anderen bin ich
bei einer Schneeballschlacht.
Beide Fotos, stellt euch vor,
sind kurz vor Weihnachten gemacht!

Ja, wenn's bei uns in Deutschland schneit,
ist hier natürlich Winterzeit.
Aber anderswo auf Erden
kann's gerade wieder Sommer werden.

Drum hat vielleicht der Weihnachtsmann,
damit er nicht so schwitzt,
dort eine Badehose an,
wenn er auf seinem Schlitten sitzt.
Den Schlitten braucht er gar dort nie –
vielleicht fährt er nur Wasserski!

Niemand kann es je beweisen,
weil Weihnachtsmänner heimlich reisen . . .

Wie war das eigentlich früher?

»Fertig!« ruft die Mutter fröhlich und streicht zufrieden mit der flachen Hand über den geschlossenen Deckel der runden Blechdose. »Alle Plätzchen sind verpackt – jetzt können wir endlich Mensch-ärgere-dich-nicht spielen!«

»Wir warten schon auf dich«, rufen Max und Florian. »Alles ist schon aufgebaut – komm doch endlich, Mama!«

Als die drei wenig später einträchtig zusammen am Tisch sitzen, will Flori auf einmal wissen: »Mutti, wie war das eigentlich früher? Ich meine, als du noch ein Kind warst – wie war es im Advent bei dir damals?«

»Oh, es war schön – sehr schön sogar!« erinnert sich die Mutter. »Vor allem das Toben mit den anderen Kindern draußen im Schnee hat mir viel Spaß gemacht. Obwohl ich an einem einzigen Nachmittag mindestens dreimal die Treppen zu unserer Wohnung hinauflaufen mußte, um mich umzuziehen!«

Flori zieht die Nase kraus. »Aber warum mußtest du dich denn so oft umziehen? Wenn man einen dicken Schneeanzug anhat, wird man doch gar nicht so schnell naß!«

»Ja«, lacht die Mutter. »Du hast gut reden! Ich hatte aber keinen dicken Schneeanzug – keiner von uns hatte einen! Wir Kinder trugen alle einfache Baumwollhosen und Oberteile aus dickem dunklem Trikotstoff, und – ruck-zuck – war die Nässe durch bis auf die Haut. Wenn meine Mutter nicht so aufgepaßt hätte, wäre ich bestimmt den ganzen Nachmittag mit pitschnassen schneeverklebten Strümp-fen herumgelaufen! In den Bündchen meiner Stricksocken klebten immer Dutzende winzi-ger Schneebällchen. Die wippten beim Her-umtoben wie lustige weiße Troddeln – daran kann ich mich noch gut erinnern! Wir waren so mit Spielen und Rodeln beschäftigt, daß wir unsere kalten Füße und die nassen Ho-senböden nicht einmal bemerkt hätten, wenn unsere Mütter nicht gelegentlich aus den Fen-stern gesehen und uns ans Umziehen erin-nert hätten!«

Max pfeift durch die Zähne und sagt aner-kennend: »Na, dann mußt du aber eine Men-ge Sachen zum Anziehen gehabt haben!«

Sofort wirft Flori seinem Bruder einen ver-ächtlichen Blick zu und tippt sich vielsagend an die Stirn. »Du bist vielleicht blöd! Die hat doch einfach alles in den Wäschetrockner ge-schmissen und zack – war's fertig!«

»Irrtum, mein Sohn«, erklärt die Mutter.

»Im Gegenteil. Eure Oma hatte alle Hände voll zu tun an solchen Tagen, um möglichst alles wieder trocken zu bekommen, bevor ich das nächste Mal durchgeweicht zum Umziehen erschien! Damals gab es nämlich noch gar keine Wäschetrockner!«

»Siehste!« trompetet Max dazwischen. »Hab' ich's mir doch gedacht – wie in der Steinzeit! Ihr hattet ja auch keinen Kassettenrecorder und keinen Gameboy und keinen Computer! Bin ich froh, daß ich jetzt Kind bin und nicht früher!«

Doch Flori will weiter zuhören. »Nun sei mal still, Max, sonst kann ich ja gar nichts verstehen!«

»Eure Oma –« fährt die Mutter nun fort, »hatte eine Leine quer durch die Küche über den Ofen gespannt. Daran hängte sie die nassen Teile zum Trocknen auf, und ich kann euch sagen, Kinder: der Ofen bullerte nur so! Es war so heiß in unserer Küche, daß meine Brille sofort beschlug, wenn ich von draußen hereinkam!

Ständig hing ein leises Summen und Fiepen im Raum. Das kam von dem dicken Wasserkessel aus Aluminium, der auf der Herdplatte stand. Ja, weil meine Mutter zu jeder Zeit kochendes Wasser zur Hand hatte, brauchten wir in unserer Küche kein fließendes warmes Wasser aus der Leitung! Unser heißes Wasser stand immer griffbereit auf dem Herd, und es machte überhaupt nichts aus, daß wir keinen Durchlauferhitzer hatten!«

Max hatte interessiert zugehört. Jetzt nickt er zustimmend. »Klar – und billiger war das wahrscheinlich auch, nicht wahr, Mutti? – Du sagst doch immer, daß der Durchlauferhitzer ganz schön viel Geld frißt, stimmt's?«

Die Mutter muß lachen. »Stimmt, aber ehrlich gesagt: das war mir als Kind völlig gleichgültig. Ich fand es einfach gemütlich, wenn es so summte und fiepte. – Hey, Flori, hör auf zu quietschen, das klingt ja schrecklich!« Stöhnend hält sie sich die Ohren zu.

Flori fiept jetzt in höchsten Tönen: »Iiiiiiihhhhhh!« So ungefähr könnte der Wasserkessel damals geklungen haben. Er muß das schließlich mal ausprobieren, damit er es sich besser vorstellen kann!

Unsanft bekommt er von Max einen Rippenstoß – autsch! Da hört Flori auf, Wasserkessel zu spielen.

»Ja, ja, ist ja schon gut! Und wie war das beim Plätzchenbacken, Mutti, erzähl mal – durftest du dabei helfen?«

»Na klar«, nickt die Mutter. »Und wie gerne habe ich geholfen! Beim Spekulatiusbacken habe ich wie ein Weltmeister die schönsten Formen ausgestochen. Der restliche Teig wurde wieder zusammengeknetet, neu ausgerollt und wieder ausgestochen – so lange, bis das letzte Teigstück vom vielen Zusammenkneten und Anfassen schon ziemlich braun und unansehnlich geworden war – aber geschmeckt haben alle Plätzchen am Ende gleich gut!«

»Genau wie unsere!« ruft Flori begeistert. Wie der Blitz rutscht er vom Stuhl, saust in die Küche und öffnet den Deckel der Plätzchendose. Hhm – sehen die lecker aus! Da muß er doch gleich mal probieren. Und er sucht sich ein besonders helles und ein besonders dunkles aus ...

Basteltip

Vor unserem Kinderzimmerfenster brennen im Advent Kerzen; zuerst eine, dann zwei, dann drei und zum Schluß vier. Trotzdem können wir ganz sicher sein, daß sie mit ihren Flammen keinen Schaden anrichten. Wir dürfen sogar beruhigt aus dem Zimmer gehen, ohne sie auszublasen! Und wißt ihr auch, warum? Weil sie aus Tonkarton sind!

Am ersten Adventssonntag kleben wir die erste dicke rote Tonkartonkerze an die Scheibe. Als Flamme setzen wir ein zurechtgeschnittenes Stückchen gelbes Transparentpapier oben drauf und malen mit einem schwarzen Filzschreiber den Docht. So, nun kann der zweite Advent kommen!

Am vierten Advent »brennen« vier dicke Kerzen nebeneinander, und die Flammen leuchten um die Wette!

Plätzchen vom Meisterbäcker

Mir schmecken süße Sachen gut,
drum nennt mich Mama »Zuckerschnut«!
Und Plätzchen eß ich gar zu gerne,
vor allem Zimt- und Mandelsterne.

Heut back' ich mal besonders feine
ohne Mama – ganz alleine.

Das mit dem Teig ist gar nicht schwer:
Mehl, Fett und Zucker müssen her,
ein bißchen Zimt und noch ein Ei,
das Ganze kneten – eins, zwei, drei!

Der Kloß wird ausgerollt, und dann
sind die Ausstechförmchen dran.

Ab in den Ofen – Vorsicht: heiß! –
und am Ende der Beweis:
gut geraten und goldbraun
– hm, appetitlich anzuschau'n!

Na ja, bei einem Meisterbäcker
schmeckt die Ware eben lecker!

Rasch auf dem Teller dekorieren
und mal eben eins probieren . . .

Puh – o nein! – Was ist damit?
Das Plätzchen schmeckt – igitt igitt!
Statt Zucker hab' ich Salz erwischt
und unter meinen Teig gemischt . . .

Ach, so was find' ich gar nicht fein –
jetzt will ich nicht mehr Bäcker sein!

Du sagst, du kannst nicht

Text u. Melodie: Angelika Blum

1. Du sagst, du kannst nicht mit zur Krip-pe gehn, weil dich so
2. Du sagst, zu Hau - se ist so-viel zu tun, und dei - ne
3. Du sagst, du hast dir so-viel auf-ge-baut, das man nicht
4. Du sagst, das Le - ben spielt dir ü-bel mit; das hält dich
5. Ich sag' dir, du bist auf der Er-de klein. Was dich um -

vie - le auf dem We - ge sehn. Sie könn - ten
Ar - beit darf so lang nicht ruhn. Komm, mach dir
ger - ne Frem - den an - ver - traust. Du sagst, du
ab - von ei - nem er - sten Schritt. Glaub' mir, daß
gibt, ist of - mals doch nur Schein. Komm, mach dein

den - ken, du seist schwach und dumm. Komm, red' nicht
doch nicht im - mer selbst 'was vor, zu Je - sus
läßt da - bei zu - viel zu - rück, komm, kämpf' nicht
Je - sus, der dich wirk - lich liebt, dir hilft, weil
Herz von al - len Zwän - gen los, denn nur bei

Refrain

län - ger um den Brei her - um. 1. Be - frei dich
geht's nicht durch ein Scheu-nen-tor! 5. Be - frei dich
län - ger um das fal - sche Glück!
er dir neu - es Le - ben gibt!
Je - sus wirst du wirk - lich groß!

end - lich von der Last, weil du sonst
end - lich von der Last, da - mit auch

nicht durch die Stall - tür paßt.
du durch die Stall - tür paßt.

Die F-Note
und das Weihnachtslied

In einem Notenbuch für Klavier und Blockflöte stand einmal eine F-Note. Sie gehörte zu einem bekannten Weihnachtslied. Aber immer, wenn der kleine Fabian das F auf dem Klavier anschlug, klang es schauerlich. Das lag nicht an dem F in dem Notenbuch, sondern an der Klaviertaste. Das Klavier war nämlich nicht ordentlich gestimmt, und die F-Note in dem Notenbuch bekam jedesmal Halsschmerzen, wenn Fabian das Weihnachtslied spielte.

Melanie, die ihren Bruder auf der Blockflöte begleitete, hörte ebenfalls den schauerlichen Ton. Zuerst dachte sie, daß Fabian nicht richtig spiele und schimpfte mit ihm. »Nun paß doch mal endlich auf, Fabian!« tadelte sie und tippte mit ihrer Blockflöte auf das F in dem Notenheft. »Das hier mußt du spielen!«

Aber gleich verteidigte sich der Bruder. »Mach ich doch! Trotzdem klingt es so –!« Und er schlug das F zum Beweis noch einmal ganz besonders laut an.

»Huuuuh!« rief Melanie und hielt sich beide Ohren zu. »Das ist ja schrecklich! Beim nächsten Mal läßt du das F einfach weg! Das wird niemand merken, und die Großeltern erst recht nicht, wenn sie Heiligabend bei uns sind.«

Das hörte die F-Note aber gar nicht gern! Einfach weglassen sollte der Fabian sie? Nein, das wollte sie sich aber nicht so einfach gefallen lassen! Schließlich gehörte sie schon seit langen Jahren in dieses Weihnachtslied hinein. Ja, eigentlich war sie es sogar, die dem Lied den rechten Ton gab!

Empört blähte sich das F so dick auf, daß es fast keine Viertelnote mehr war, sondern beinahe schon eine halbe Note.

Einfach weglassen – das kam ja gar nicht in Frage!

Und schwupps – hüpfte sie kurzentschlossen in die Notenlinien für die Blockflöte hinein.

»Wenn das dumme Klavier mich nicht sauber und rein spielen kann, so wie es sich gehört, dann soll es eben die Blockflöte tun«, sagte sich das F und drängte sich einfach zwischen ein A und ein G.

Das A und das G waren gar nicht erfreut über den ungebetenen Gast in ihren Reihen, doch bevor sie sich beschweren konnten, begannen die Kinder von neuem zu üben.

Zuerst hörte sich alles an wie immer, und als später die Stelle kam, an der Fabian ein

F spielen mußte, ging er einfach darüber hinweg und spielte ohne das F weiter. Er merkte nicht einmal, daß es fehlte, denn er spielte immer nur das, was auf dem Papier stand.

Bei Melanie war es genauso. Auch sie spielte immer nur, was in ihrem Notenbuch stand. Und deshalb ertönte plötzlich ein Blockflöten-F an einer Stelle, wo überhaupt keines hingehörte, und das klang noch viel schauerlicher als die verstimmte Klaviertaste.

Alles war durcheinander, und sooft die beiden Kinder das Weihnachtslied auch übten – es klang einfach nicht so, wie es eigentlich hätte klingen müssen, denn ihr Spiel paßte nun überhaupt nicht mehr zusammen.

»Paß auf«, sagte Melanie nach einer Weile zu ihrem Bruder. »Spiel das F am besten beim nächsten Mal wieder mit. Irgendwie gehört es anscheinend hinein, sonst ist alles durcheinander.«

»Das will ich meinen!« knurrte das F zufrieden und – schwupps – hüpfte es elegant wieder an seinen alten Platz zurück.

Als Fabian wenig später beim Üben die F-Taste auf dem Klavier anschlug, klang es zwar für einen winzigen Moment wieder recht unmelodisch – weshalb die F-Note beleidigt zusammenzuckte – aber sie gehörte nun einmal unbedingt dorthin, das mußte jeder einsehen. Denn schließlich war sie es ja wohl, auf die es am Ende ankam, oder etwa nicht?

Ob du im Regen durch die Straßen gehst

Text u. Melodie: Angelika Blum

1. Ob du im Re - gen durch die Stras - sen gehst, ob du in
2. Hast du nicht manch mal schon in dun - kler Nacht voll Sehn - sucht
3. In schwe - ren Ta - gen, die voll Trau - er sind, ist Gott dir
4. Grad in den Stun - den dei - ner Dun - kel - heit hält Gott für

ei - nem dunk - len Tun - nel stehst. - Ich weiß, der Herr ist bei dir, da - rum
an den hel - len Tag ge - dacht?
nah, denn du bist ja sein Kind.
dich sein hel - les Licht be - reit.

sor - ge dich nicht, denn viel stär - ker als der Schat - ten ist das Licht.

Der kleine Jesus

Eigentlich weiß Manuel selbst nicht so genau, warum er den kleinen Jesus geklaut hat. Jedenfalls liegt er – der kleine Jesus – nicht mehr in seiner Krippe, und alle sind deswegen sauer. Sauer auf den, der ihn dort weggenommen hat.

»Sollen sie doch sauer sein«, denkt Manuel wütend und rutscht mit dem Rücken an der gefliesten Wand hinunter in die Hocke. Sollen sie ihn doch suchen, bis sie schwarz werden! Hier in der Ecke zum Heizungskeller werden sie ihn aber bestimmt nicht finden, dafür wird Manuel schon sorgen.

Er drückt sich noch ein wenig enger in die Nische hinein, so eng, daß die Babypuppe von seinen Beinen rutscht und mit einem dumpfen Ton auf dem Fußboden landet. Rasch angelt Manuel nach ihrem Arm und zieht sie am Zipfel des weißen Baumwolljäckchens wieder auf seine Knie. Ob jemand gehört hat, daß er hier unten hockt?

Doch um ihn herum ist alles still.

Bloß von oben hört er Stimmen und Lärm. Bestimmt suchen sie nach dem kleinen Jesus, denn ohne ihn kann das Krippenspiel nicht aufgeführt werden. Der kleine Jesus ist schließlich die Hauptperson. – Aber sie kriegen ihn nicht!

Fest drückt Manuel die Puppe an sich. »Sie haben mich nicht mitspielen lassen bei dem Krippenspiel«, denkt er finster. »Deshalb kriegen sie ihn jetzt nicht.«

Wie gern wäre er der Josef gewesen. Der Josef ist ein wichtiger Mann in einem Krippenspiel. Aber ein Hirte sollte er sein, ein ganz gewöhnlicher Hirte!

»Nein«, hatte er zu der Lehrerin gesagt. »Ich will der Josef sein, sonst spiele ich nicht mit.«

Und nun spielt er eben nicht mit.

Bei allen Proben hatte er nur zugeschaut und sich gelangweilt. Die Lehrerin hatte ihn ein paarmal gefragt, ob er vielleicht wenigstens soufflieren wolle, aber Soufflieren ist dumm. Einen Souffleur sieht das Publikum ja gar nicht. Der sagt den anderen immer nur leise vor, wenn sie mit ihrem Text steckenbleiben und nicht mehr weiter wissen.

Trotzig schiebt sich Manuels Unterlippe nach vorn.

Er blickt auf die Babypuppe in seinem Schoß. Gelb sind ihre Haare, gelb wie Stroh.

Ob Jesus wohl auch gelbe Haare hatte, als er geboren wurde?

Peng! Erschrocken fährt Manuel zusammen. Irgendwo ist eine Tür zugeknallt.

Ob sie auch hier unten nach ihm suchen werden?

Und was werden sie tun, wenn sie ihn gefunden haben? Werden sie ihn auf die Bühne holen und ins Mikrophon sagen: »Seht alle her – dies ist der Junge, der den kleinen Jesus gestohlen hat!« – Oder werden sie ihm nur die Puppe aus dem Arm reißen und anfangen zu spielen?

Unruhig wandern Manuels Augen über die große weiße Wand gegenüber. Da ist sein eigener Schatten. Riesengroß ist der Schatten, und er bewegt sich nicht, hockt einfach so da.

Schatten haben keine Gesichter. Man kann nicht sehen, ob einer lacht oder traurig ist.

Auf einmal tropft etwas Warmes auf den kleinen Jesus. Da weiß Manuel, daß sein Schatten weint.

Ob Jesus in der Krippe auch geweint hatte? Unbeholfen wischt Manuels Hand über die kühle Stirn der Puppe, bis sich die nasse Stelle wieder trocken anfühlt. Sicher hatte ihn Maria getröstet, als er geweint hatte. Oder Josef. Oder einer der Hirten.

Alle hatten das kleine Kind lieb und freuten sich über seine Geburt. Und er, Jesus, hatte alle Menschen lieb, zu denen er gekommen war. Den Josef, die Maria, die drei Weisen, die Hirten – überhaupt alle Menschen.

Und ihn, den Manuel . . .

Als man den kleinen Jesus wenig später in der Ecke der Tür zur Aula findet, liegt er auf einem dicken Haufen von weißem Toilettenpapier wie auf einem ganz weichen Kissen. Und niemand kann sich einen Reim darauf machen.

Bald ist Weihnachten!

Ich habe schon für jeden aus unserer Familie
etwas Schönes gebastelt, aber das aller-
schönste Geschenk bekommt meine Schwester Julia. Ganz lange habe ich daran gearbeitet, und heute ist es endlich fertig geworden!
Soll ich dir verraten, was es ist? Also . . .

Ich finde es blöd, wenn man Überraschungen
schon vorher ausplaudert. Deshalb kann ich
dir leider nicht sagen, was ich meiner Schwester schenke. Aber du hättest es wohl sehr
gern gewußt, nicht wahr? Sonst würdest du
das Buch jetzt bestimmt nicht verkehrt herum
halten!

Überraschungs-Bratäpfel

In der Adventszeit, wenn es draußen kalt ist und der Wind wie ein grimmiger Hofhund um die Ecken fegt, dann ist es herrlich, vor dem Backofen zu hocken und durch die Scheibe zu beobachten, wie sich in der Hitze langsam die Schale der Bratäpfel wellt und herrlich goldbraun zu werden beginnt. Hhm – wie das knuspert und knackt!

Basti kann sich nicht sattsehen an den drei Leckerbissen da im Backofen!

Er rutscht auf den Knien so dicht an die Scheibe heran, daß die Hitze von drinnen wie ein warmer Atem über sein Gesicht streift.

Oh, jetzt blubbert es in der Apfelschale sogar, und es knackt und zischt, als wollte der Bratapfel sich aufplustern wie ein stolzer Gokkel! Rundherum haben sich feine weiße Bläschen gebildet, und die Füllung aus Marzipan, Rosinen und Honig duftet wunderbar nach Nikolaus und Advent.

»Mama, mein Bratapfel platzt gleich! Bestimmt ist er jetzt gar!« ruft Basti aufgeregt. Das Wasser läuft ihm schon im Mund zusammen. Warum kommt die Mutter denn nicht? Sucht sie etwa immer noch nach ihrem Ring?

Aber das kann sie doch auch später tun! Weit kann er schließlich nicht sein, denn nach dem Mittagessen steckte er noch an ihrem Finger. Daran kann sich Basti ganz genau erinnern. Erst vor dem Zubereiten der Bratäpfel hat sie ihn abgelegt, das hat Basti gesehen. Also kann er ja nur irgendwo hier in der Küche liegen. Aber das ist doch jetzt ganz egal – au wei, jetzt hat es aber laut gezischt aus einem der Äpfel! Erschrocken ist Basti ein Stückchen zurückgewichen.

Jetzt wird es aber wirklich Zeit!

»Mama!« ruft er ungeduldig.

Und Basti hat recht. Als die Mutter nämlich das Blech mit den duftenden Bratäpfeln aus dem Backofen nimmt und mit einer langen Gabel in einen der Äpfel hineinsticht, sind sie von innen wunderbar weich – gerade so, wie sie sein müssen.

Rasch reicht Basti der Mutter die Teller hinüber, und als alle drei duftenden Bratäpfel auf dem Tisch stehen, ruft er zum Kinderzimmer hinüber: »Komm schnell, Kirsti, die Bratäpfel sind fertig!«

Das läßt sich die kleine Schwester nicht zweimal sagen!

Schwupps – schon ist das kleine Leckermaul zur Stelle und klettert geschickt auf ihren Stuhl mit dem dicken Kissen. Peter, der knuddelige Teddy, soll natürlich auch etwas abbekommen, deshalb darf er neben ihrem Teller sitzen.

Und dann ist es gemütlich wie unter einer warmen Wolldecke.

Auf dem Tisch steht ein Glaskrug mit dampfender Vanillesoße, die Kerzen am Adventskranz brennen, und alle drei sind mit ihren Bratäpfeln so beschäftigt, daß niemand etwas sagt, nicht einmal Kirsti, deren Plappermäulchen sonst den ganzen Tag lang kaum stillsteht.

Genüßlich lassen die Kinder das weiche Fruchtfleisch auf der Zunge zergehen – hhhhmmmmm . . .

»Autsch!«

Erschrocken fahren Basti und Kirsti zusammen.

Was hat die Mutter denn? – Sie muß auf irgend etwas Hartes gebissen haben, denn sie verzieht ihr Gesicht und hält sich schmerzvoll die Wange.

Als sie den Kindern zeigt, was da auf dem Löffel liegt, muß Basti so laut lachen, daß Kirsti ihn empört anstößt.

»Dein Fingerring . . .« prustet er und

schnapt nach Luft. »Du hast deinen Ring mitgebacken!«

»Ne!« sagt Kirsti da entschieden. »Den hab' *ich* mitgebackt!«

»Du??!!« rufen Basti und die Mutter wie aus einem Munde.

»Klar!« versichert Kirsti und strahlt die beiden an. »Habt ihr gar nicht gesehen! Pling – da war er drin!« Sie zieht die Schultern hoch und läßt sie wieder sinken. »Ganz einfach!«

»Oh!« stöhnt Basti und greift sich an den Kopf. »Typisch meine Schwester! Hast du vielleicht sonst noch etwas in die Füllung geworfen? Ein Steinchen zum Beispiel, oder ein Wattestäbchen?«

»Nee!« lacht Kirsti und klatscht vor Vergnügen in die Hände. »Bloß noch den Schlüssel von deiner Spardose!«

Mein Traum

Es war einmal ein Tannenbaum,
der sah gesund und kräftig aus.
Ein Mann trug ihn in meinem Traum
zufrieden und voll Stolz nach Haus.

Dort schmückte er ihn froh mit Kerzen
und hängte goldene Nüsse dran,
und auch noch Honigkuchenherzen
– soweit ich mich erinnern kann.

Dann holte er noch viel viel mehr –
es schien nicht Schmuck genug zu sein.
Die Zweige bogen sich schon schwer,
da hängte er noch Kugeln rein!

Lametta glänzte in dem Baum
und feines weißes Engelshaar.
So viel von allem, ja, daß kaum
vom Grün noch was zu sehen war.

Da wurde es dem Baum zu dumm:
er knarrzte kurz und kippte um.
Das hatte ich mir fast gedacht –
ich hab' im Traum ganz laut gelacht!

Die kleine Zeit

Es war einmal eine kleine Zeit. Die wohnte bei einem jungen Ehepaar. Beide – der Mann und die Frau – waren den ganzen Tag lang berufstätig, und weil sie so viel zu tun hatten, merkten sie gar nicht, daß die kleine Zeit bei ihnen wohnte. Immer, wenn man die Frau in der Stadt traf und stehenblieb, um ein wenig zu plaudern, sagte sie gleich zu Anfang: »Tut mir leid, aber ich habe gar keine Zeit.«

Und der Mann sagte dasselbe, wenn man ihm begegnete. Sogar bei der Gartenarbeit ließ er sich nicht stören. Mit seiner großen Schaufel warf er im Frühling die Erde um, und wenn ihn Nachbarn einluden, auf ein kleines Pläuschchen zu ihnen herüberzukommen, lehnte er ab und warf eilig weiter die Erde um.

»Keine Zeit!« sagten die beiden auch zueinander, wenn zum Beispiel die Frau dem Mann etwas Wichtiges erzählen wollte, und umgekehrt.

Dabei wohnte die kleine Zeit schon so lange bei dem jungen Ehepaar. Aber sie hatten es nie bemerkt.

So kam es, daß die kleine Zeit sich eines Tages traurig fortschlich. Auf der Straße traf sie einen Mann, der mit einer Aktentasche aus feinem Leder aus einem Auto stieg.

Sie ging mit ihm in ein wunderschönes Haus hinein und dachte, er würde wohl merken, daß nun die kleine Zeit bei ihm wohnte.

Wie enttäuscht war sie jedoch, als sie erkennen mußte, daß es auch hier nicht anders war. Der Mann fuhr jeden Tag in ein hohes Haus mit vielen Büros, und dort arbeitete er von früh bis spät in einem eleganten Raum mit dicken Teppichen.

Wollte er einmal dringend jemand sprechen, ließ er sich von seiner Sekretärin die Telefonverbindung machen, denn er selbst hatte keine Zeit dazu.

Mittags fuhr er nach Hause. Aber dort setzte er sich nicht mit seiner Familie an einen Tisch, um gemeinsam zu essen, sondern er ließ sich von seiner Frau den Teller auf seinen Schreibtisch stellen. Während er aß, telefonierte er und schrieb sich etwas auf, und wenn eines der Kinder ihn etwas fragte oder ihm etwas erzählen wollte, fuhr er es barsch an: »Jetzt nicht – du siehst doch: ich habe keine Zeit!«

Abends fiel er so müde ins Bett, daß er seiner Frau nicht einmal eine gute Nacht wünschen konnte.

Er bemerkte kein einziges Mal, daß die kleine Zeit bei ihm wohnte, und so machte sie sich enttäuscht wieder davon.

Es wurde Winter, aber keiner beachtete die kleine Zeit. Ja, es schien noch schlimmer zu werden, denn je mehr es auf Weihnachten zuging, um so hektischer und eiliger wurden die Menschen.

Mit dicken Einkaufstaschen hetzten sie durch die Straßen, und in der Stadt war es wie auf einem riesigen Ameisenhaufen.

Da flüchtete die kleine Zeit erschreckt in eine enge Nebengasse.

Und als sie schon glaubte, es werde niemand mehr geben, der sie bemerken würde, war da auf einmal ein kleiner Junge.

Der bückte sich und hob ein Blatt vom Boden auf. Ein Blatt, das noch vom Herbst übriggeblieben war. Vom Rauhreif weiß überzogen, glitzerten die Kristalle wunderschön wie winzige Edelsteine, und dem Jungen gefiel das so gut, daß er das Blatt in seiner Hand bewundernd betrachtete.

Immer wieder wendete er es vorsichtig im Sonnenlicht hin und her, und seine Augen leuchteten vor Begeisterung, wenn die Kristalle in bunten Farben aufblitzten.

Dann legte er das Blatt behutsam, damit es niemand zerstören konnte, in einen Mauerwinkel, drückte die schwere Haustür auf und verschwand.

Die kleine Zeit aber freute sich, denn nun wußte sie, daß es doch noch Menschen gab, für die sie wertvoll sein konnte, und glücklich huschte sie durch den schmalen Türspalt zu dem kleinen Jungen in das alte Backstein-haus . . .

Was ist viel stärker

Text u. Melodie: Angelika Blum

1. Was ist viel stär-ker als Zwei-fel und Not? Was brau-chen
2. Was macht uns fröh-lich in all un-srem Leid? Was ü-ber
3. Was schenkt uns Hoffnung auch in schwe-rer Zeit? Was trägt uns

Men-schen viel mehr noch als Brot? Was ist es, das selbst die dun-kel ste
win-det selbst Mau-ern aus Streit? Was schenkt uns je-den Tag neu wie-der
durch al-le Trau-rig-keit? Was ist es, daß uns die Lie-be ver-

Refrain:

Nacht zum hel-len Tag für uns Men-schen macht? Es ist der
Mut und die Ge-wiß-heit: es wird al-les gut?
heißt und Je-sus Chris-tus, den Sohn Got-tes, preist?

En-gel, der heu-te noch spricht: Gott ist euch nah, da-rum fürch-tet euch

nicht. Es ist der En-gel, der heu-te noch spricht: Gott ist euch

nah, da-rum fürch-tet euch nicht!

Rätsel

Mit welchen Worten priesen die Engel Gott, als sie den Hirten die Geburt Jesu in der Heiligen Nacht verkündeten?

Lest den nachfolgenden Text Buchstaben für Buchstaben von hinten nach vorn!

nellafeglhoW nie nehcsneM ned
dnu nedrE fua edierF dnu
ehöH red ni ttoG ies erhE!

(Ob ihr richtig gelesen habt, könnt ihr nach-schauen bei Lukas 2, Vers 14.)

Pitti ist anders als sonst ...

Irgendwo am Südpol, auf einer riesigen dicken Eisscholle, lebte einmal ein kleiner Pinguin mit seinen Eltern und vielen Verwandten.

Fast den ganzen lieben langen Tag spielte er fröhlich mit den anderen Pinguinkindern, und die eisige Kälte machte ihm nicht das geringste aus.

Natürlich spielten sie nicht Seilchenspringen oder Monopoly wie die Menschenkinder, aber dafür ließen sich die kleinen Pinguine allerhand anderes einfallen: Schneehauchen, zum Beispiel. Ihr wißt nicht, was das ist? Nun, sie stellten sich alle im Kreis auf, bückten sich, bis ihre Schnäbel fast das Eis berührten, und dann hauchten sie mit ihrem warmen Atem in die dünne Schneedecke. Einer von ihnen war der Spielleiter. Der zählte langsam: »Eins, zwei, drei!« Und derjenige unter ihnen, dem es bei »drei« gelungen war, die größte Stelle freizuhauchen, hatte gewonnen.

Aber das war längst nicht alles – sie spielten auch Eisschollenhüpfen, und es gab jedesmal ein großes Freudengeschrei, wenn einer von ihnen sich dabei so ungeschickt anstellte, daß er mit einem lauten Plumps im Wasser landete.

Ja, und dann spielten die kleinen Pinguine auch sehr gern Fangen. Wer allerdings dabei seine Flügel ausbreitete, um schneller weglaufen zu können, mußte sofort ausscheiden – so streng waren die Spielregeln.

Pitti, der kleine Pinguin, von dem ich euch erzählen möchte, liebte die Eisschollen. Er liebte seine Eltern, seine Verwandten und überhaupt – das ganze Leben in der schneeweißen glitzernden Eislandschaft.

Das allergrößte Vergnügen jedoch bereitete ihm das Fischen, zusammen mit seinem Vater und einigen seiner zahlreichen Onkel.

Pitti war sich sehr erwachsen vorgekommen, als sein Vater zum erstenmal zu ihm gesagt hatte: »Willst du mitkommen, mein Sohn? Wir Männer wollen fischen gehen!«

»Wir Männer« hatte er gesagt, und ihn – Pitti – hatte er dabei angesehen!

Natürlich hatte er mitkommen wollen, und es war ein wunderbares Erlebnis gewesen, als er den ersten Fisch ganz allein aus dem Wasser geholt hatte. Seitdem tat er nichts lieber, als seinen Vater und seine Onkel zum Fischfang zu begleiten, und alle wußten das.

Deshalb wunderte sich der Vater eines Tages sehr, als er Pitti wieder fragte, ob er mitgehen wolle zum Fischen, daß dieser nur den Kopf schüttelte und keine Anstalten machte, aufzustehen. Statt dessen hockte er einfach nur da und sah in den Himmel hinauf.

»Bist du vielleicht krank, Pitti?« fragte der Vater besorgt und legte einen seiner schwarzen Flügel prüfend auf Pittis Stirn. Nein, krank konnte Pitti nicht sein. Aber was war bloß mit ihm los?

»Bist du vielleicht traurig, mein Sohn?« forschte er weiter.

Aber Pitti schüttelte nur den Kopf und blickte weiter in den Himmel.

Der Pinguinvater holte die Pinguinmutter, eine Pinguintante, einen Pinguinonkel und zu guter Letzt noch den Pinguinvetter. Aber keiner konnte herausfinden, weshalb Pitti so angestrengt nach oben blickte. Ja – fast sah es so aus, als warte er auf etwas!

»Hey, Pitti!« rief Rupi, sein Vetter, auf einmal. »Wartest du vielleicht auf etwas?«

Da endlich nickte Pitti, ohne den Blick vom Himmel zu wenden. »Ja, denn heute ist Weihnachten – deshalb warte ich.«

»Ja, aber worauf denn?« wollten alle gleichzeitig wissen und blickten nun wie auf Kommando ebenfalls nach oben in den Himmel, wo gerade die ersten Sterne wie winzige Lämpchen aufblinkten.

»Auf den Weihnachtsstern warte ich. Und dabei denke ich an Jesus, Gottes Sohn . . . In einem Stall ist er zur Welt gekommen . . . weit fort von hier . . . in einem Stall. Wißt ihr, wie ein Stall aussieht?«

Die anderen Pinguine sahen sich ratlos an, hoben bedauernd die Flügel und ließen sie wieder sinken. Sie kannten ja nur Iglus und Schneehöhlen. Von einem Stall hatte keiner von ihnen bisher etwas gehört.

»Woher weißt du das alles überhaupt, he?« fragte Rupi vorwitzig. »Am Ende gibt es überhaupt keinen Weihnachtsstern, und einen Stall gibt es vielleicht auch nicht. Und Gott . . .«

»Gott gibt es bestimmt!« mischte sich jetzt die Pinguinmutter mit fester Stimme ein. »Wer sonst, glaubst du, hat uns wohl gemacht? Ohne Gott gäbe es dich Naseweis überhaupt nicht!«

Beleidigt wandte Rupi seinen langen Schnabel in die andere Richtung und watschelte eilig ein Stückchen von der Tante fort. Aber gerade so weit, daß er noch mithören konnte, was gesprochen wurde, denn er war schrecklich neugierig.

»Von den Möwen weiß ich's!« erklärte Pitti. »Sie waren es auch, die mir von dem Weihnachtsstern erzählt haben. Jeder, der das

Kind in dem Stall anbeten wollte, brauchte nur dem Weihnachtsstern zu folgen, haben sie gesagt.

Und nun warte ich darauf, daß er wieder am Himmel leuchtet – weil doch heute der Geburtstag von dem Herrn Jesus ist.

»Aber Pitti, mein Junge«, sagte die Pinguinmutter sanft und legte einen ihrer Flügel liebevoll um ihren kleinen Sohn. »Den Weihnachtsstern können wir heute längst nicht mehr sehen – er erschien nur damals vor fast zweitausend Jahren zu Jesu Geburt am Himmel!«

Doch Pitti schüttelte heftig den Kopf. »Nein, nein!« widersprach er lebhaft. »Die Möwen haben erzählt, man könne ihn auch heute noch sehen. Aber nur, wenn man fest daran glaubt, daß Jesus immer noch lebt. Und ich – ich glaube ganz fest daran!«

Keiner wußte darauf etwas zu antworten, und für einen Moment war es ganz still.

In diesem Augenblick ging am Himmel wieder ein Stern auf. Er war größer als die anderen, und er leuchtete so hell und warm in der Dunkelheit – viel heller als alle anderen Sterne –, daß Pitti sofort wußte: das ist er, der Weihnachtsstern – sein Weihnachtsstern.

Ganz eng schmiegte er sich an seine Mutter

und flüsterte glücklich: »Siehst du ihn auch –
dort oben?«

Und die Pinguinmutter sah hinauf in den
Himmel und nickte: »Ja, mein Junge, ich sehe
ihn auch.«

Darf ich mich vorstell'n – angenehm! –
ich bin der Stern von Bethlehem.
Der Herr des Himmels und der Erden
wird heute nacht geboren werden.
Ich lade dich nun herzlich ein,
bei uns im Stall dabeizusein.
Allen, die auf Jesus hoffen,
steht nämlich seine Tür weit offen.
So mach auch du dich jetzt bereit
und folge mir – es ist soweit!

Eine Vorlesegeschichte zum Träumen und Raten

Hast du gerade einen Moment Zeit? Ich meine, so richtig Zeit – Zeit, um ein wenig zu träumen, ja?

Gut, dann schließe die Augen jetzt ganz fest. So fest, daß du kein bißchen blinzeln kannst. Siehst du noch etwas? Nein? – nun, dann kann's losgehen:

Stell dir vor, du gehst am Nachmittag des 24. Dezember in die Kirche. Dort ist alles festlich geschmückt. Im Gang sind rechts und links an den Bänken Tannenzweige befestigt, und es riecht – nun ja – es riecht alt, nach Holz und ein bißchen nach Weihnachten. Riechst du es? Und die Kirche ist voller Menschen, aber es ist ganz still. So, als ob du allein hier wärest.

Halt, nicht die Augen öffnen!

Geh jetzt weiter nach vorn. Über dir hängt groß und mächtig der Adventskranz mit den vier armdicken roten Kerzen. Du denkst, er fällt dir gleich auf den Kopf? Nein, das wird er bestimmt nicht. Das denkst du jedes Jahr, aber er ist dir noch niemals auf den Kopf gefallen!

Dein Blick wandert zum Altar. Links und rechts von ihm stehen zwei riesige, kerzengerade gewachsene Tannenbäume, in denen unzählige Lichter brennen, und über allem hängt jetzt ein würziger Duft aus einem Gemisch von Bienenwachs, Baumharz und Tannenzweigen.

Hhm, gut duftet das, nicht wahr? – Nein, nicht die Augen öffnen – es geht ja noch weiter!

Stell dir vor, du sitzt jetzt in der ersten Bankreihe gleich neben dem Mittelgang und blickst nach vorn zum Altar.

Leise setzt die Orgel ein, und in dir erwacht auf einmal eine tiefe, wunderbare Freude, die immer größer wird – so groß, daß du am liebsten singen würdest!

Nein, bitte mach die Augen noch nicht auf, denn jetzt, genau in diesem Moment entdeckst du etwas Merkwürdiges auf dem Altar. Etwas, das dort nicht hingehört.

Genau vor dem aufgerichteten Kreuz liegt es, und es gehört wirklich kein bißchen dort hin. Es ist braun . . . es sieht aus . . . ja, es ist kaum zu glauben, aber da vorn liegt wirklich ein dicker Schokoladenmaikäfer!

Du siehst ihn dort liegen und denkst im

ersten Moment, daß deine Augen dir einen Streich spielen, aber auch auf den zweiten Blick ändert sich nichts: das da vorn ist wirklich ein Schokoladenmaikäfer!

Während die Orgel spielt und alle singen, wandern deine Augen immer wieder verwundert zum Altar. War der Küster vielleicht so zerstreut, daß er den Irrtum nicht bemerkt hat? Schließlich ist heute Heiligabend! Was hat denn an Heiligabend ein Schokoladenmaikäfer zwischen all den Strohsternen und den Kerzen zu suchen?

Du schüttelst den Kopf und denkst, daß er eigentlich in die Osterzeit gehört.

Merkwürdig, nicht wahr?

Aber jetzt verrate ich dir etwas: der Küster war überhaupt nicht zerstreut. Und der Schokoladenmaikäfer gehört auch unbedingt dorthin.

Nun bist du überrascht, nicht wahr? Ja, das kann ich mir denken! Und sicher möchtest du jetzt gar zu gern wissen, was er dort ausgerechnet an Heiligabend zu suchen hat.

Dann öffne jetzt rasch deine Augen, und lies die folgenden Wörter genau in der angegebenen Reihenfolge:

21 Deshalb sollte der
 8 unbedingt etwas Schönes schenken.
 1 Diesen Schokoladenmaikäfer legte
 9 Und so bat er seine Oma,
13 In all den Wochen und Monaten nach
19 aber den Herrn Jesus liebte
10 den Schokoladenmaikäfer mitzunehmen
 6 Aber er wollte dem Herrn Jesus
 4 sehr krank und kann nicht selbst
 2 die Großmutter eines kleinen Jungen dort
    hin.
22 ihn heute zum Geburtstag bekommen!
20 er noch viel mehr.
 5 in die Kirche kommen.
15 es nicht übers Herz gebracht
11 und ihn auf den Altar zu legen,
17 Der kleine Junge liebte
 7 zu seinem Geburtstag
 3 Der kleine Junge ist nämlich
12 genau vor das Kreuz.
18 den Schokoladenmaikäfer nämlich sehr,
16 den Schokoladenmaikäfer aufzuessen.
14 Ostern hatte der kleine Junge

Siehst du, so ist das.

   Ja, nicht immer ist etwas, das wir merkwürdig oder unpassend finden, wirklich merkwürdig oder unpassend. Manchmal verstehen wir es bloß nicht richtig ...

Siehst du die Hirten

Text u. Melodie: Angelika Blum

1. Siehst du die Hir - ten auf dem Feld? Sie zie - hen
2. Siehst du die Wei - sen, wie sie gehn? Sie blei - ben
3. Siehst du die Men - schen, groß und klein? Sie wol - len
4. Kommt al - le her, wir geh - hen mit, dem Kind ent -

los ganz oh - ne Geld. Sie wis-sen, daß sie die - sem
nicht im Dun-keln stehn. Sie wis-sen, daß der hel - le
wie die Hir - ten sein. Sie wis-sen, daß in Je - sus
ge - gen, Schritt für Schritt. Ich weiß, es macht die Men - schen

Kind auch oh - ne Reich - tum wert - voll sind
Stern sie führt zur Krip - pe un - sres Herrn.
Christ Gott sel - ber Mensch ge - wor - den ist.
froh, das klei - ne Kind auf Heu und Stroh!

Ich schreib' in die Kerze
ein kleines Gedicht.
Viel kann ich nicht schreiben,
denn lang brennt sie nicht.

DER HERR IST GEBOREN!

Nun ist es heraus –
seht ihr, und schon ist die Kerze

aus.

Kleines Weihnachtsspiel

Gespräch an der Futterkrippe

Darsteller: 1. Reh
                   2. Reh
                   3. Reh
                   4. Reh
                   1. Hirte
                   2. Hirte
                   3. Hirte

Ort: Futterkrippe im Wald

Drei Rehe stehen an der Futterkrippe und fressen. Eines ist besonders gierig und drängt die anderen des öfteren fort, um den größten Bissen zu bekommen.

   Da kommt ein viertes Reh völlig abgehetzt und außer Atem heran ...

1. Reh: Na endlich! Woher kommst du, und warum bist du so außer Atem? – Schau, die Futterkrippe ist schon fast leer! Du kannst dich freuen, daß wir noch

	einen kleinen Rest für dich übriggelassen haben!
4. Reh (japsend):	Ich – ich muß euch etwas Wichtiges erzählen! Hört zu: ich war am Rande des Waldes, dort, wo der Weidenzaun beginnt – ihr wißt schon! – und da, da sah ich ihn auf einmal . . .!
alle 3 Rehe zugleich:	Wen?
4. Reh:	Den Stern! Den wunderbaren hellen Stern! Er stand genau über der Stadt Bethlehem!
die anderen erstaunt:	Was?
4. Reh:	Ja, doch! Ganz bestimmt ist heute der König geboren, der König der Juden, auf den alle schon so lange warten – ganz bestimmt steht der Stern genau über seinem Palast!
1. Reh:	Quatsch! Über welchem Palast? In Beth-

	lehem gibt es keinen Palast! Ich war erst letzte Woche in der Abenddämmerung einmal dort. Nun ja – nicht direkt mitten in der Stadt – aber ich hatte einen guten Überblick. Einen Palast habe ich nirgends gesehen.
4. Reh:	Aber es *muß* dort einen Palast geben, denn der Stern stand ganz sicher über der Stadt Bethlehem – das habe ich genau gesehen! Und nun frage ich euch: wo sonst sollte ein König zur Welt kommen, wenn nicht in einem wunderschönen Palast?
(traurig):	Schade, es wird kaum möglich sein, den König zu sehen. In einen Palast läßt man nämlich längst nicht jeden hinein, müßt ihr wissen!

Alle denken nach.

2. Reh: *(schwärmerisch):*	Nun, vielleicht handelt es sich gar nicht um die Geburt des ewigen Königs, von dem alle reden. – Vielleicht steht der Stern, den du gesehen hast, über einer herrlichen grünen Wiese mit frischen jungen Bäumchen – hhhmm! – oder über einem riesigen Haufen wunderbarer Kastanien und Eicheln . . .!
1. Reh (tadelnd):	Unsinn! Kannst du denn immer nur ans Futter denken? Glaubst du wirklich, Gott hätte nichts anderes zu tun, als für uns seine Wiesen auszuleuchten? Tz – tz – tz!
4. Reh:	Nein, nein – so glaubt mir doch! Es muß in Bethlehem einen Palast geben, von dem wir nichts wissen! Denn solch einen hellen und strahlenden

Stern habe ich noch niemals vorher gesehen – er kann nur auf etwas ganz Besonderes hindeuten! Na – und auf was warten die Menschen so sehnlichst?

3. Reh (schüchtern): Auf die Geburt des ewigen Königs.

4. Reh: Genau. Und deshalb muß dort, wo der Stern . . .

1. Reh: Psssst! Da kommen Menschen!

Eilig laufen drei Hirten durch den Wald . . .

1. Hirte: Beeilt euch! Es kann nicht mehr weit sein bis zu dem Stall!

2. Hirte: Ja, laßt uns schneller laufen! Ich kann es kaum erwarten, endlich den Heiland zu sehen!

3. Hirte (ist sehr dick und läuft keuchend den anderen hinterher): Wenn ich mir vorstelle, daß der ewige König in einem einfachen Stall zur Welt gekommen ist

	– nie hätte ich das ge- dacht! Aber der Engel des Herrn hat es so verkündet, also muß es stimmen!
(keuchend):	Wenn ich doch bloß schneller laufen könn- te!
1. Hirte:	In Windeln soll das neugeborene Kind ge- wickelt sein, und . . .
2. Hirte:	. . . in einer Krippe soll es liegen – in einer einfachen Futterkrippe! Man stelle sich das bloß vor . . .!

Als die Hirten verschwunden sind, sehen sich die vier Rehe zuerst sprachlos an.

1. Reh:	Hat man Töne – habt ihr das gehört?!
2. Reh:	In einem Stall . . .
3. Reh:	. . . in einer Futterkrip- pe . . .
4. Reh:	. . . und nicht in einem wunderschönen Palast ist der Heiland geboren, sondern . . .

alle drei:
3. Reh:

2. Reh:

(wirft einen sehn-
süchtigen Blick in
die Futterkrippe)

in einem Stall!
Und alle, alle können
zu ihm hineingehen! –
Kommt mit, wir wollen
ihn gleich suchen!
Ja, wir wollen ihn su-
chen, aber zuerst –
zuerst muß ich mich
noch ein wenig stär-
ken – lauft ihr nur
schon voraus!

Ende.

Rätsel

Lukas 2, 11
ist Christus, der Herr, in der Stadt Davids.
Euch ist heute der Heiland geboren, welcher

Na so was, da hat doch jemand einen Bibel-
vers aus Versehen glatt in Spiegelschrift ge-
druckt! Könnt ihr ihn trotzdem lesen?

Basteltip

Fehlt euch noch ein hübsches Weihnachtsge-
schenk für irgend jemand, den ihr gern habt?

Vielleicht wäre dies eine gute Idee für die
Älteren und besonders Geschickten unter
euch:

Kauft euch eine Christbaumkugel aus Glas –
es gibt sie in mehreren Größen und Ausfüh-
rungen – und betropft sie rundherum mit ver-
schiedenfarbigem Kerzenwachs.

Nehmt dabei die Kugel nur nicht allzu herz-
haft in die Hand, sonst zerbricht sie und ihr
könnt euch leicht an dem zersplitterten Glas
verletzen! (Daß man beim Hantieren mit brennenden Kerzen ebenfalls besonders vorsichtig sein muß, wißt ihr sicher längst, nicht
wahr?)

Übrigens: wenn ihr zum Betropfen nur
weiße Kerzen nehmt, sieht die Kugel am Ende
aus, als läge Schnee darauf . . .

Heut ist ein Tag

Text und Melodie: Angelika Blum

1. Heut' ist ein Tag, der uns Hoff-nung bringt, an
2. Heut' ist ein Tag, der von Lie - be spricht, von
3. Heut' ist ein Tag, der uns Frie - den schenkt, der
4. Heut' ist ein Tag, der uns fröh - lich macht, wir

dem es in un - se - ren Her - zen klingt. Wir
ei - nem Stern und von strah - lendem Licht.
un - sre Ge - dan - ken zur Krip - pe lenkt.
lo - ben Gott in der hei - li - gen Nacht.

Refrain:

freu - en uns, daß der Herr Je - sus Christ für

al - le Men - schen ge - bo - ren ist, wir

be - ten ihn an, und wir ru - fen ihm zu: Un - ser

Hei - land, Herr Je - sus, bist du!

Die Krippe

So weit er zurückdenken kann, kennt Marius diese einfache Krippe aus dunklem Rindenholz. Jedes Jahr steht sie in der Kirche mitten im Altarraum neben dem hohen, mit Strohsternen geschmückten Lichterbaum . . .

Einmal, als er noch viel kleiner war, hatte er sich während der Predigt nach vorn geschlichen und hineingesehen in die Krippe. Aber Jesus hatte nicht darin gelegen. Überhaupt kein Baby hatte darin gelegen. Bloß Stroh. Zusammengedrücktes Stroh.

Marius hatte damals enttäuscht und traurig ganz laut in die Predigt hineingesagt: »Aber da liegt Jesus ja gar nicht drin!« Seine Stimme hatte so gehallt zwischen den kühlen hohen Steinwänden, daß er erschrocken zu den Eltern zurückgerannt war.

Der Pfarrer hatte dann allen Kirchenbesuchern erklärt, warum die Krippe leer war. Sie sei wie ein Denkmal. Sie solle uns Menschen erinnern an die Geburt Jesu und daran, daß er für uns alle geboren wurde. Nicht die Kerzen und die Geschenke, nicht die Plätzchen und das gute Weihnachtsessen seien am wichtigsten, sondern die Krippe und die Geburt unseres Herrn. Jesus sei das wertvollste Geschenk von allen. Und um das Wichtigste über all dem Schmuck des Heiligabends nicht zu vergessen, stehe die Krippe da vorn in der Mitte.

Der Pfarrer hatte noch viel mehr gesagt, aber Marius hatte von all dem nur wenig begriffen, denn er war ja noch sehr klein. Aber eines hatte er ganz genau verstanden: Jesus ist die Hauptperson. Ohne Jesus braucht man Weihnachten überhaupt nicht zu feiern. Ohne Jesus gibt es gar keinen Grund, Weihnachten zu feiern. Und die Krippe heißt: an Jesus denken.

Inzwischen ist Marius größer geworden. Er hat längt herausgefunden, daß Papa der Nikolaus ist, und er weiß schon lange, daß nicht das Christkind mit dem Glöckchen bimmelt, wenn Bescherung ist, sondern die Mutter.

In diesem Jahr durfte er sogar mithelfen, den Weihnachtsbaum zu schmücken.

Die Lichterkette hatte der Vater angebracht, aber alles andere hatte Marius in den Baum hineingehängt, und mit jeder Minute sah dieser hübscher und festlicher aus. Sogar Sven gefiel der Weihnachtsbaum, denn er pfiff durch die Zähne und sagte anerkennend: »Richtig nobel sieht er aus, kleiner Bruder!« Was »nobel« heißt, wußte Marius zwar nicht so genau, aber es mußte etwas Gutes sein, sonst hätte Sven nicht durch die Zähne gepfiffen.

Als alle roten Äpfelchen und auch die vergoldeten Walnüsse am Baum hingen, als er die selbstgebastelten Strohsterne gleichmäßig in den Zweigen verteilt hatte, war es endlich soweit. Jetzt kam die ganz große Überraschung.

Mit geheimnisvoller Miene schleppte Marius eine riesige Plastiktüte heran. Da staunte der Vater aber! Natürlich wollte er sofort wissen, was darin sei, aber Marius verriet kein einziges Wort. Der Vater durfte die Tüte nicht einmal anfassen, denn Überraschung ist schließlich Überraschung, nicht wahr?

Das unförmige Paket stellte er – ohne die Verhüllung abzunehmen, vorsichtig vor den Weihnachtsbaum, dahin, wo später die bunten Päckchen liegen würden. So, das sollte *sein* Geschenk sein für die ganze Familie – für Papa, Mama und Sven. Und für ihn, Marius, natürlich auch.

Er hatte lange daran gearbeitet. Ein bißchen hatte der Opa ihm geholfen, aber nur ein bißchen. Das meiste an seinem Geschenk hatte er selbst gemacht, und darauf war er sehr stolz.

Zufrieden strich Marius über die Plastiktüte.

Das wird eine Überraschung! Bestimmt werden sich die anderen sehr freuen ...

Ja, in der Kirche sieht es an diesem 24. Dezember genauso aus wie in all den Jahren zuvor. In dem riesigen Tannenbaum mit den Strohsternen brennen wieder viele Kerzen, und in der Mitte des Altarraumes steht die Krippe. Einfach, schmucklos, leer. Aber sie ist das Wichtigste an Weihnachten.

Und ab heute werden Papa, Mama, Sven und Marius auch eine haben. Und sie wird neben dem Weihnachtsbaum stehen, zwischen den Geschenkepäckchen, mitten zwischen den Geschenkepäckchen.

Weihnacht

Weihnacht – das ist nicht im Stall.
Weihnacht – das ist überall.
Weihnacht – das sind nicht die Kerzen.
Weihnacht – das ist nur im Herzen.